Blumen aus dem Bauerngarten

Jolanda Englbrecht

Blumen aus dem Bauerngarten

Experten-Rat für Aussaat,
Pflanzung, Pflege und Vermehrung

Mit Tips fürs Anlegen eines
Bauerngartens

Mit Farbfotos
von Marion Nickig
und anderen Pflanzenfotografen
Zeichnungen: Marlene Gemke

GU GRÄFE UND UNZER

VORWORT
INHALT

Bauerngarten – das Zauberwort für ländliche Idylle, eindrucksvolle Naturerlebnisse und Entspannung. Solch eine angenehme Atmosphäre im eigenen Garten zu schaffen ist gar nicht so schwer. Für eine bunte Bauerngarten-Blumenecke beispielsweise ist auch im kleinsten Garten Platz.

Praxisteil: GU Bauerngarten-Expertin Jolanda Englbrecht gibt Tips zu Auswahl und Kauf der Blumen und fachlichen Rat im Falle eines Krankheits- beziehungsweise Schädlingsbefalls der Pflanzen. Auf speziellen Praxis-Seiten erfahren Sie, was beim Säen, Pflanzen und Vermehren der Blumen zu beachten ist, damit sie optimal gedeihen, prächtig blühen und wachsen. Schritt-für-Schritt-Anleitungen mit farbigen Zeichnungen veranschaulichen die einzelnen Arbeitsschritte.

Gestaltungsteil: Hier finden Sie leicht nachvollziehbare Bepflanzungsbeispiele mit typischen Blumen und Elementen des Bauerngartens, die man in jeden Garten übernehmen kann. Gezeichnete Bepflanzungspläne mit beispielhaften Pflanzenkombinationen ermöglichen Ihnen eine harmonische und reizvolle Blumenauswahl.

Steckbriefteil: Individuelle Pflanzenporträts mit brillanten Farbfotos und detaillierten Pflegehinweisen informieren Sie über die Pflegebedürfnisse der einzelnen Blumenarten.

Der GU Pflanzen-Ratgeber für alle Blumenfreunde, die sich üppige Blütenfülle vom Frühjahr bis in den späten Herbst hinein wünschen.

Viel Freude an Bauerngarten-Blumen wünschen Ihnen die Autorin und die GU Naturbuch-Redaktion.

Der Marienkäfer ist ein Nützling.

Margeriten und Rittersporn harmonieren wunderschön.

Die Autorin
Jolanda Englbrecht, studierte Gartenbauwissenschaften an der Technischen Universität München-Weihenstephan. Sie war Wissenschaftliche Mitarbeiterin an der Forschungsstelle für Politische Ökologie am Geschwister Scholl-Institut der Universität München. Spezialgebiet: Geschichte und Anlage von Bauerngärten.

Zinnien kommen aus Mexiko.

Nostalgische Blüten in modernen Gärten

Die üppige Blütenfülle in einem Bauerngarten weckt in vielen Menschen Erinnerungen und Träume. Kein Wunder, daß sich immer mehr Gartenbesitzer solch ein Stück ländliche Idylle in ihr eigenes »Reich« holen möchten. Das zum Garten passende Bauernhaus ist dazu nicht nötig. Auch in einem Reihenhausgarten läßt sich eine hübsche Blumenecke mit typischen Bauerngarten-Blumen anlegen und selbst ein moderner Bungalow kann mit den Jahrhunderte alten Gestaltungselementen eines Bauerngartens harmonieren. Doch was ist eigentlich ein Bauerngarten und wie ist er entstanden? Dies und noch viele andere Informationen wie zum Beispiel die Geschichte der Bauerngarten-Blumen, Auswahl- und Kauftips sowie das Know-how für ihre richtige Pflege erfahren Sie in den folgenden Kapiteln.

Kräuter-Duftgarten.
Attraktive Küchenkräuter wie Salbei, Minze, Lauch und Origano (Bildvordergrund) passen herrlich zu den duftenden Rosen, dem Ehrenpreis, dem Mohn und dem Phlox (Hintergrund). Die sorgfältig geschnittene Buchseinfassung sorgt für eine optische Gliederung.

Die großen Vorbilder: Kloster- und Schloßgärten

Schwebfliege.

Als wunderschöne Blumen in die Kloster- und Schloßgärten einzogen, erfreute das nicht nur die Mönche und Schloßherren. Auch die Bäuerinnen waren von der Blütenpracht fasziniert. Bis dahin wuchsen im Bauerngarten nur Gemüse und Kräuter, doch von nun an leuchteten auch farbenprächtige Blütenpflanzen über den Gartenzaun.

Was ist ein Bauerngarten?
In seiner ursprünglichen Form ist der Bauerngarten Zier- und Nutzgarten zugleich.
Bunte Blumen leuchten schon von weitem und überwuchern den Holzzaun, der den Bauerngarten umgibt. Auf den Beeten wächst eine bunte Pflanzengesellschaft aus Dahlien, Möhren, Petersilie, Ringelblumen, Rosen, Königskerzen und Kopfsalat. Phlox und Lavendel verströmen ihren betörenden Duft.
Im starken Kontast zum scheinbaren Durcheinander, das auf den Beeten herrscht, steht die geometrische Formenstrenge der Anlage. Kreuzförmige Wege gliedern die Beete gleichmäßig und symmetrisch. In aufwendiger gestalteten Gärten bildet ein Mittelrondell das Zentrum, ein rundes Beet, in dem oft auch bunte Glaskugeln glänzen (→ Seite 38). Manchmal sind die einzelnen Beete mit Bordüren aus sauber geschnittenem Buchs eingefaßt (→ Seite 96), in anderen Gärten umsäumen niedrige Blütenpflanzen wie etwa die Pechnelke das Beet.
Den Bauerngarten, wie es ihn früher gab, findet man heute nur noch selten. Seine Gestaltungselemente wie die beschriebenen Beete und vor allem seine traditionellen Blumensorten halten dagegen verstärkt Einzug in unsere Gärten. Ob als Farbtupfer oder überquellende Blütenpracht, die duftigen Blüten und aromatischen Kräuter des Bauerngartens finden im kleinsten Garten Platz. Charme, Schönheit und einen Hauch ländlich-nostalgischer Idylle bringen sie von Haus aus mit.
Hinweis: Im Gestaltungsteil dieses Ratgebers von Seite 37 bis 49 finden Sie viele Bepflanzungsbeispiele.

Zur Geschichte des Bauerngartens
Angefangen hat sie mit dem Einzug der Römer in Germanien zur Zeit um Christi Geburt, also vor rund 2000 Jahren.
Damals wurden zwar in Germanien längst Nutzpflanzen wie Bohnen, Erbsen, Linsen oder Rüben angebaut, doch die römischen Eroberer waren wesentlich weiter in der »Kunst des Gartenbaus«. Römische Siedler brachten Abwechslung in den Garten: Sie bauten Gemüsearten wie Gurken, Spargel, Kürbis, Kräuter wie Thymian oder Dill und Obst wie etwa Pflaumen, Aprikosen, Pfirsiche und Süßkirschen an. Und sie verfügten über etwas für die Germanen völlig Neues, nämlich farbenprächtige Blütenpflanzen. Aus den Gärten der römischen Siedler leuchteten Rosen, Lilien, Goldlack und Levkojen, die »nur« zur Augenweide dienten, aber sonst keinen weiteren Nutzen hatten. Für solche Spielereien konnten die Germanen aber kaum Verständnis entwickeln. So verschwand nach dem Zerfall des römischen Reiches die südländische Gartenpracht bei uns fast spurlos.
Erst im Mittelalter, als Benediktinermönche ins Land kamen, um es zu christianisieren, erlebte die Gartenkultur einen neuen Aufschwung. Die Mönche brachten aus ihren Heimatklöstern Samen und Ableger von bis dahin unbekannten Pflanzen mit. Doch nicht nur die Pflanzen, auch die sorgsam gepflegten Klostergärten, in denen die Wege streng kreuzförmig zwischen den Beeten verliefen und sich im Gartenzentrum meist ein Brunnen befand, erregten die Bewunderung der Bevölkerung. Wer eigenes Land bebaute, versuchte nicht selten, den Klostergarten für sich im Kleinen zu »kopieren«. Samen und Stecklinge erhielten die Bäuerinnen von den Mönchen.

Klassischer Kreuzweg.
Die Einteilung des Hauptweges im Bauerngarten symbolisiert das Kreuz als christliches Zeichen. Ein Mittelrondell bildet häufig den Kern des Gartens.

Die prächtigen Emmentaler Bauerngärten sind aufwendig unterteilt.

Durch die Kreuzzüge der Ritter kamen viele neue Nutz- und Zierpflanzen aus dem Vorderen Orient nach Europa, weitere nach der Entdeckung Amerikas und des Seeweges nach Ostindien (→ Geschichte der Bauerngarten-Blumen, Seite 14).
Das Pflanzenangebot erweiterte sich und gleichzeitig hielten auch weitere Gestaltungselemente aus den prächtigen barocken Schloßgärten Einzug in den Bauerngarten. Die Beete in den Bauerngärten wurden nun vielerorts mit Buchsbordüren eingefaßt, und man legte Blumenrondelle an, die wunderschöne, aus Pflanzen gebildete Ornamente zeigten.
Die Bauerngärten wurden damit zu »verzierten« Nutzgärten, in denen Gemüse, Kräuter und Blumen fröhlich durcheinander wuchsen.
Eine ernste Krise machte der Bauerngarten in unserem Jahrhundert durch. Fast wäre er von »pflegeleichtem« Einheitsrasen und faden Scheinzypressen verdrängt worden. Inzwischen wird ihm aber wieder großes Interesse entgegengebracht, und man darf hoffen, daß auch im nächsten Jahrtausend noch bunte Bauernblumen über den Zaun leuchten.

Varianten des Bauerngartens

Form und Größe des Bauerngartens können je nach Geländebeschaffenheit unterschiedlich ausfallen.
Im Gebirge findet man Gärten, die klein und unregelmäßig angelegt sind. Manchmal ähneln sie in der Form einem Trapez oder Dreieck, und häufig sind sie als Terrassengärten angelegt, die von Trockenmauern am steilen Hang abgestützt werden. Terrassengärten gibt es vor

allem in den Alpen, aber auch in den Mittelgebirgen.
In Höhen von über 1000 Metern gedeiht der Buchs nicht mehr, die Beete werden dann meist mit Steinen eingefaßt. Auch aufwendige Unterteilungen und bunte Blumenvielfalt sind dort oben nicht mehr anzutreffen. Man baut Gemüse, Salat und einige Gewürzkräuter an, die von wenigen robusten Blütenpflanzen umrahmt werden.
In den Tälern und Ebenen jedoch prangt der Bauerngarten in seiner typischen, althergebrachten klassischen Gestalt mit kreuzförmig eingeteilten Wegen und einem Mittelrondell, sei es in Frankreich, in der Schweiz, Deutschland, Österreich oder Südtirol.
In Österreich findet man eine auffallende Variante: Dort liegt im Schnittkreuz der Wege oft eine mit Buchs gesäumte Raute.
In Bayern rückt das »Gartl« meist ein Stück vom Haus ab. Hier dominiert das Mittelrondell, geschmückt mit bunten Glaskugeln (→ Foto Seite 38).
Im Schweizer Emmental gibt es große, prächtige Bauerngärten, die direkt vor dem Haus liegen. Die aufwendigen Unterteilungen spiegeln oft die »Ründi« wieder, den Giebelbogen des Emmentaler Bauernhauses (→ Foto links).
In Norddeutschland mit seinen weiten Ebenen liegen Zier- und Nutzgarten an verschiedenen Seiten des Hauses. Die wohlhabenden Bauern des Artlandes (Niedersachsen) sind bekannt für ihre barocken Prachtgärten. Anstatt des Buchses werden die Beete von kunstvoll geschnittenen Eibenhecken *(Taxus baccata)* eingerahmt. Die Eibe gedeiht in dieser Region ausgezeichnet. Sie wächst anfangs rasch und dann nur noch langsam, eignet sich also besonders gut für den Figurenschnitt. Dazu gewähren die Hecken einen guten Windschutz. Bis hinauf nach Schleswig-Holstein finden sich auch beschnittene Hecken und Lauben aus Hainbuche oder Weißdorn, die denselben Zweck erfüllen. Ähnlich prächtige Anlagen wie im Artland gibt es noch im angrenzenden Westfalen, in Holland und der Wachau in Österreich.
Mein Tip: Häufig werden Bauerngärten auch von Trockenmauern, sie bestehen aus lose aufeinander geschichteten Steinen, umrahmt. Trockenmauern sehen nicht nur gut zum Bauerngarten aus, sondern eignen sich hervorragend als Windschutz und sorgen für ein günstiges Kleinklima im Garten. Außerdem sind sie für viele Tier- und Pflanzenarten ein zusätzlicher Lebensraum.
Die englischen Cottage-Gärten stellen eine sehr reizvolle Variante des Bauerngartens dar. Cottages nannte man die kleinen Häuschen der Landarbeiterfamilien. In deren Vorgärten wucherten Teppiche aus bunten Blumen, die mit relativ wenig Pflege auskamen. Meist führt auch heute noch ein breiter, von üppigen Randpflanzen gesäumter Weg bis zur Haustür. Kein Fleckchen bleibt unbepflanzt, oft gibt es nicht einmal eine Rasenfläche. Gelegentlich kann man in Cottage-Gärten einen kunstvoll beschnittenen Baum oder Strauch entdecken.

Brauchtum im Bauerngarten

Bräuche werden zum Teil schon seit Jahrhunderten gepflegt.
Die Weihe der Palmbuschen am Palmsonntag hat eine lange Tradition. Die Palmbuschen bestehen aus Palmkätzchen (Weidekätzchen) und enthalten in der Regel auch Buchszweige. Sie werden in der Messe geweiht. In Südtirol und in der Steiermark steckt man die Palmbuschen oder die Palmstangen an den Zaun des Bauerngartens. Zum Schutz vor drohendem Unwetter verbrennt man einige der geweihten Kätzchen im Herd, die Asche wird oft in den Bauerngarten gestreut. Auch zur Einsegnung des Hauses und der Stallungen an Weihnachten waren Buchszweige wichtige Zutaten.
In vielen ländlichen Gegenden bastelte man in der Karwoche einen sogenannten »Palmpaasch« und stellt ihn an den Gartenzaun. Er bestand aus einem Holzkreuz, das aus Birkenholz zusammengebunden wurde. Man schmückte den Palmpaasch mit immergrünen Zweigen von Koniferen, Weidenkätzchen, Brezeln, Ketten mit gedörrtem Obst und ausgepusteten Eiern.
Die Weihe der Kräuterbuschen an Maria Himmelfahrt (15. August) ist ebenfalls weit verbreitet. Je nach Region enthält der Strauß eine unterschiedliche Auswahl von Kräutern, aber auch Blumen aus dem Bauerngarten.
Die »Maihexen« konnten einer Bauersfrau im Sauerland über Nacht eine schändliche Überraschung bereiten, denn der Zustand des Bauerngartens verrät viel über den Fleiß der Bäuerin. Hatte die Bauersfrau ihren Garten bis zum 1. Mai noch nicht ordentlich bestellt, setzten ihr die »Maihexen« einen »Faulbaum«, ein mit alten Kleidern behängtes Holzkreuz, in den Garten.

Bauerngärten nach alten Mustern

Für die Gestaltung ihrer Gärten ließen sich die Bäuerinnen von den Klostergärten und den barocken Schloßgärten inspirieren, kopierten sie aber nicht gedankenlos, sondern setzten auch eigene Ideen in die Tat um.
Der Bauerngarten bekam immer einen warmen, sonnigen und windgeschützten Platz am Haus, wurde also in der Regel Richtung Süden oder Osten angelegt. Hier gedeihen Gemüse, Kräuter und Blumen am besten.

Die Beete
Sie sind die wichtigsten Bestandteile des Bauerngartens.
Beet-Form: Nach dem Vorbild der Klostergärten war die ursprüngliche Beetform des Bauerngartens rechteckig oder quadratisch. Um die Beete besser bearbeiten zu können, wurden sie nie breiter als 1 m angelegt. Von den barocken Schloßgärten schaute sich die Bäuerin die unregelmäßigen Beetformen ab. Es entstanden runde Beete wie das Mittelrondell, Halbkreise und Rauten, aber auch phantasievolle Kombinationen von Rechteck und Kreissegmenten, sowie Halbmonde und schildförmige Ornamente (Kartuschen).
Beet-Einfassungen: Die traditionelle Einfassung der Beete bestand aus dem langsam wachsenden Beetbuchs (→ Steckbriefe, Seite 96). Aber schon bald kamen Einfassungen aus niedrig wachsenden Blütenpflanzen wie das gelbblühende Steinkraut oder der gelbe Mauerpfeffer (Pflanzen für Beeteinfassungen → Seite 48) immer mehr in Mode.
Häufig verwendeten die Bäuerinnen auch Bretter, Rundhölzer, Steine und Ziegel, um die Beete einzufassen.
Mein Tip: Betoneinfassungen für Beete fügen sich nicht harmonisch in den Bauerngarten ein. Sind sie aber schon einmal vorhanden, muß man sie nicht unbedingt entfernen. Mit der Zeit bewachsen Flechten und Moos den Beton, und wenn Sie Polsterstauden pflanzen, ist von der häßlichen Einfassung bald nichts mehr zu sehen.

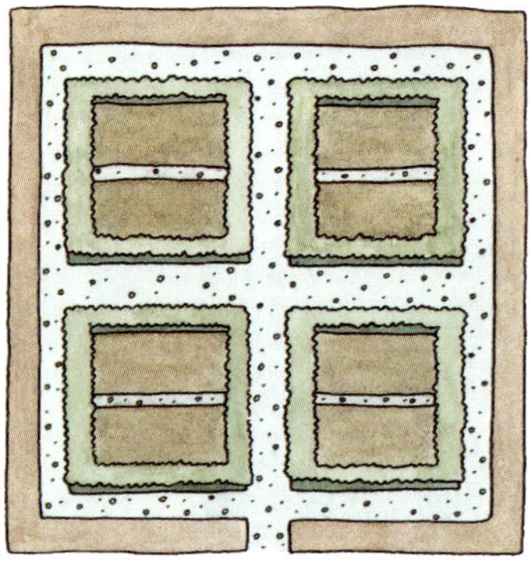

Dieser Bauerngarten ist in einfache quadratische Beete eingeteilt und hat einen kreuzförmigem Hauptweg.

Die Wege
Sie sind nötig, damit man die Beete bequem erreichen kann.
Die Hauptwege des Bauerngartens waren mindestens ½ m breit. In der einfachsten Form bestanden sie aus gestampfter Erde, die aber bei Regen leicht glitschig wurde. Deshalb bedeckte man die Wege oft mit Gerberlohe, das ist Eichenrinde, die zum Gerben verwendet wurde. Auf Gerberlohe ließ es sich bei jeder Witterung gefahrlos laufen. Gerberlohe ist aber heute kaum noch zu bekommen. Ein guter Ersatz als Wegbelag ist fein zerkleinerte Baumrinde. Sie weist im übrigen die gleiche Eigenschaft wie Gerberlohe auf: Baumrinde verhindert, daß sich die Schnecken allzu sehr im Garten ausbreiten, denn die Schnecken kommen auf diesem Belag nur sehr schlecht vorwärts.
Häufig wird heute Feinkies als Wegbelag verwendet, der sehr nobel aussieht, besonders wenn ihn Buchsbordüren einrahmen.
In vielen Gegenden streut man aber auch Sand oder Mergel, roten Ziegelgrus und in Küstennähe sogar zerstoßene Muschelschalen auf die Wege.
Schön, aber etwas aufwendig zu verlegen, sind »Pflaster« aus Rundhölzern, dem sogenannten Stirnholz.
Manche alten Wege bestehen aus großen, flachen Flußkieseln oder sogar Mosaiken, die aus verschieden großen Steinen kunstvoll zusammengestellt wurden. Heute zieht man meist Klinker oder Natursteinplatten vor, die sich durchaus harmonisch in das Gesamtbild einfügen. Beim Verlegen von Klinker oder Natursteinplatten muß eine etwa 5 cm hohe Sandschicht als Unterbau berücksichtigt werden.
Kies oder Rinde wird ebenfalls etwa 5 cm hoch aufgeschüttet.
Hinweis: In Cottage-Gärten sind die Wege mindestens 1 m breit.

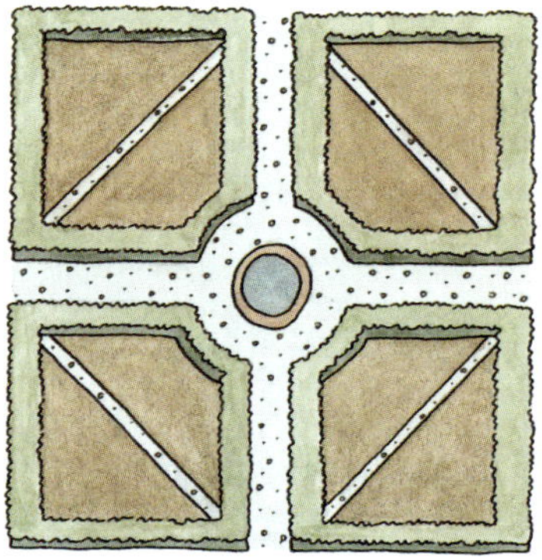

Etwas aufwendig aber sehr reizvoll ist diese Beeteinteilung. In der Mitte des Kreuzweges befindet sich ein Brunnen.

Wasser im Garten

In den Bauerngärten mit klassischer Kreuzeinteilung kann man oft nach dem Vorbild der Klostergärten einen Brunnen in der Mitte entdecken (→ Zeichnung, unten links). Relativ häufig sind auch alte, bemooste Brunnentröge aus Beton, die mit alten Mustern verziert sind. In Gebirgsgegenden finden sich häufig Wassergefäße aus schlichten ausgehöhlten Baumstämmen oder schöne aus Stein gehauene Tröge. Hin und wieder sieht man noch die alten, gußeisernen Wasserpumpen. Die wenigsten Gartenbesitzer haben heute die Möglichkeit, sich wie in alter Zeit einen Brunnen anzulegen. Ihnen bleibt aber die einfache Möglichkeit, in einem Holzfaß oder Bottich Regenwasser aufzufangen oder Leitungswasser abstehen zu lassen. Auch das wirkt durchaus hübsch in einem Bauerngarten.

Mein Tip: Ausrangierte Ölfässer oder glatte Betontröge passen nicht in den Bauerngarten.

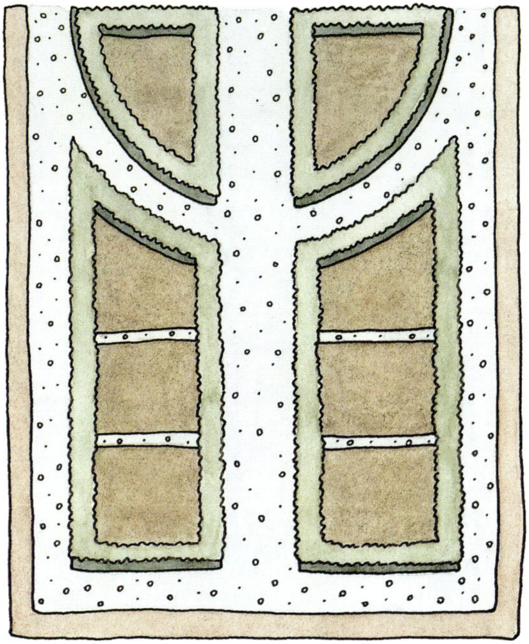

Eine rechteckige Fläche bietet sich für die Gestaltung mit Kreissegmenten und Rechtecken als Beetformen an.

Der Zaun

Ein richtiger Bauerngarten ist ohne Zaun undenkbar.

Staketenzaun: Er ist am weitesten verbreitet. Staketenzäune bestehen aus oben zugespitzen Halbhölzern oder Profillatten. Solche Zäune kann man inzwischen meterweise in Baumärkten oder Garten-Centern kaufen.

Flechtzaun: Selten findet man heute noch die alte Form des Flechtzauns. Dafür wurden zugespitzte dünne Holzpfähle in den Boden gerammt und durch ein Flechtwerk aus Weidenruten verbunden.

Hanichlzaun: Ebenfalls sehr altertümlich sieht der Hanichlzaun aus. Er besteht aus dünnen, meist geschälten Fichten- oder Tannenstämmchen (Durchmesser 3 bis 5 cm), die recht dicht nebeneinander in den Boden gesteckt wurden und eine Querverbindung aus längeren Holzstämmchen erhielten. Man findet auch noch Zäune aus oben zugespitzten, etwa eine Handspanne breiten Brettern. Bei jedem siebten ist die Spitze besonders schön zugeschnitten und mit einem Loch geziert. Es symbolisiert den Sonntag, während die sechs einfachen Bretter für die Werktage stehen.

Schmiedeeiserne Zäune: In einigen versteckten Winkeln erhielten sich schöne alte schmiedeeiserne Zäune, deren Herstellung man heute fast nicht mehr bezahlen kann.

Zäune wurden meist ohne Anstrich verwendet. Sie entwickelten durch die Verwitterung einen gräulichen Farbton, der die bunte Farbenpracht der Bauerngarten-Blumen noch unterstrich.

Hinweis: Die Cottage-Gärten werden oft von weiß oder grün gestrichenen Holzzäunen umrahmt.

Mein Tip: Glatter Beton, Metallpfähle, Jägerzäune, Plastikstaketen, Zäune aus Ornamentsteinen oder Betonformsteinen passen nicht zum Bauerngarten. Auch Maschendrahtzäune vertragen sich schlecht mit dem Bauerngarten. Ist er aber schon einmal da, hilft nur noch eines: Zupflanzen! (→ Seite 42).

Die Hecke

In Gebieten, in denen ständig der Wind weht, werden die Zäune durch Hecken ersetzt. Für Vögel, Insekten und Kleintiere bieten Hecken geradezu paradiesische Bedingungen. Als »Umrahmung« für Bauerngärten werden besonders Eibenhecken, Hainbuche, Weißdorn, Rotdorn oder Liguster bevorzugt. Leider erfordert die Anlage einer Hecke sehr viel Platz. Deshalb eignen sich Hecken vor allem für große Gärten.

Nützliche Zierden
Wer genug Platz in seinem Garten hat, sollte sich ein lauschiges Eckchen mit einer schönen Bank zum Ausruhen und Träumen einrichten.
Nostalgisch wirken alte, verzinkte Gießkannen, die es auch heute noch zu kaufen gibt.
Schillernde Glaskugeln, auch Habichtskugeln genannt, sollen Greifvögel abschrecken (→ Foto, Seite 38). Die Kugeln werden inzwischen in den unterschiedlichsten Materialien, Farben und Formen angeboten. Tiere aus glasiertem oder unglasiertem Ton bieten zum Teil gleichzeitig Nützlingen wie etwa den Ohrwürmern (→ Seite 30) Wohnraum.
Holzfiguren, Mobiles und Wetterhähne aus Eisen finden sich – neben allerlei Kitsch – im Angebot als Zierden für den Bauerngarten.
Sinnvoll und hübsch anzusehen sind Vogeltränken aus Ton oder Stein Vogelscheuchen sorgen für den Schutz frisch angesäter Beete und reifer Früchte. Sie sind leicht aus einem zusammengenagelten Holzkreuz zu basteln. Töpfer bieten oft recht nette Köpfe für Vogelscheuchen an.

Henne und Hahn aus Ton.

Blütenschönheiten mit Tradition

Sonnenblume.

Viele typische Bauerngarten-Blumen stammen aus fernen Ländern, wie etwa der Rittersporn aus dem Vorderen Orient oder die Dahlie aus Südamerika. Auf die veränderten Klimaverhältnisse haben sie sich im Laufe der Jahrhunderte problemlos umgestellt, sie sind robust und pflegeleicht.

Die Geschichte der Bauerngarten-Blumen

Erstaunlicherweise findet man von den Alpen bis nach Skandinavien und von Polen bis Frankreich immer den gleichen Grundbestand an traditionellen Bauerngarten-Blumen und Nutzpflanzen. Zurückzuführen ist dies auf die fast 1200 Jahre alte karolingische Landgüterordnung, die »Capitulare de villis«. Sie wurde entweder im Jahre 812 von Kaiser Karl dem Großen erlassen, oder – nach einer anderen Theorie – bereits 796 von dessen Sohn Ludwig dem Frommen.

In der »Capitulare de villis« sind insgesamt 73 Nutzpflanzen und 16 Obstarten aufgeführt, die in den Bauerngärten der kaiserlichen Landgüter gepflanzt werden sollten. Nur 3 der aufgelisteten Gewächse zählen wir heute zu den Zierpflanzen: Rosen, Lilien und die Schwertlilie.

Damals jedoch verwendete man diese Pflanzen, um Heilmittel herzustellen.

<u>Durch die Kreuzritter</u> fanden weitere Pflanzen aus dem Vorderen Orient den Weg in die Gärten: Rittersporn, Türkenbundlilie, Schwarzkümmel (Wildform der »Jungfer im Grünen«) und Ysop brachten die Ritter von ihren Kreuzzügen mit.

<u>Zu Beginn der Neuzeit</u> hatten sich die »nutzlosen« Blütenpflanzen schließlich einen festen Platz in den Bauerngärten erobert. Aber nicht nur Pflanzen aus fernen Ländern gelangten in den Bauerngarten, man entnahm sie auch der heimischen Natur und pflanzte sie in den Garten. Aus der Alpenregion kamen Feuerlilie, Narzisse, Christrose, Aurikel, Eisenhut und Hauswurz, aus den Mittelgebirgen und Flußlandschaften Akelei, Schneeglöckchen, Märzenbecher und Vergißmeinnicht.

<u>Mit der Entdeckung Amerikas</u> und des Seeweges nach Ostindien hielten Kapuzinerkresse und Sonnenblume Einzug in europäische Gärten.

<u>Im 18. Jahrhundert</u> stellten sich aus den Schloßgärten so »aristokratische« Blumen wie Tulpen, Nelken, Hyazinthen und Löwenmäulchen in den Bauerngärten ein.

Um 1800 kamen die duftende Reseda aus Afrika sowie die Dahlie aus Mexiko und 1847 schließlich erreichte eine Pflanze aus China Europa, die bei uns den Namen »Tränendes Herz« bekam.

Fast von jeder Blumensorte gab es bald zahlreiche Spielarten sowie »gefüllte Formen«. Die Bauerngärten erblühten in nie dagewesener Pracht.

<u>Heute</u> legt man häufig reine Ziergärten mit Bauerngarten-Blumen an. Aus rund 270 Arten kann man seine Wahl treffen. Die typischsten Bauerngarten-Blumen werden im Steckbriefteil ab Seite 54 vorgestellt.

Überlegungen vor dem Blumenkauf

Bauerngarten-Blumen müssen unter verschiedenen Aspekten ausgewählt werden.

<u>Klimatische Gesichtspunkte:</u> Bevorzugen Sie Blumenarten, die in der jeweiligen Region gut gedeihen. Viele Blumen sind in den Alpen- und Mittelgebirgsgebieten nicht ausreichend winterhart (zum Beispiel Rosen, Lavendel, Lilien und die Marienglockenblume), während sie in Landesteilen mit milderem Klima üppig blühen. Hinweise dazu finden Sie unter der jeweiligen Art in den Pflanzenporträts ab Seite 54.

<u>Gestalterische Gesichtspunkte:</u> Natürlich hängt die Auswahl der Pflanzen auch davon ab, was Sie mit ihnen vorhaben. Wollen Sie damit ein Beet einfassen? Welche Pflanzen im Beet harmonieren besonders gut miteinander? Möchten Sie ein Beet nur mit Duftpflanzen anlegen? Antworten auf diese Fragen finden Sie im Gestaltungteil ab Seite 37.

Die dunkelviolett farbenen Blüten der Schwertlilien sind von Mai bis Juni im Garten zu bewundern.

Tips zum Kauf
Blumensamen, Zwiebeln, Knollen und vorgezogene Pflanzen bekommen Sie in Gärtnereien, im Garten-Center, im Supermarkt und bei Versandfirmen.
Hinweis: Einige robuste alte Blumensorten für den Bauerngarten sind bisher nur im Angebot von Versandfirmen zu finden (→ Bezugsquellen Seite 111).
Samen: Gut keimfähig bleiben Samen je nach Art zwischen 1 und 10 Jahre. Leider versehen noch nicht alle Firmen ihre Samentütchen mit einem Haltbarkeitsdatum. Wer aber die Wahl hat, geht sicherer mit Samen, dessen Abpack- oder Haltbarkeitsdatum bekannt ist. Achten Sie auch darauf, daß der Samen trocken gelagert wurde.
Mein Tip: Vorsicht mit Samen von großblütigen, knallbunten »sensationellen« Neuzüchtungen. Sie sind oft sehr empfindlich und harmonieren kaum mit dem angestammten Pflanzenbestand des Bauerngartens.
Zwiebeln und Knollen: Beim Kauf von Blumenzwiebeln und -knollen darauf achten, daß sie sauber, trocken, unverletzt und auch nicht von (meist grauem) Schimmel befallen sind (→ Praxis Pflanzenschutz, Seite 34).
Vorgezogene Pflanzen: Viele Blumensorten werden als vorgezogene Pflanzen in Töpfen oder Kübeln angeboten. Diese sogenannten Containerpflanzen können im Gegensatz zu Samen, beziehungsweise Zwiebel- und Knollenpflanzen, nicht nur im Frühjahr und Herbst, sondern auch noch im Sommer gesetzt werden (→ Pflanzzeit, Seite 24).

PRAXIS
Botanik

Die Blüte – ein Wunder der Natur

Blütenpflanzen entstanden vor mehr als 100 Millionen Jahren nach den Algen, Moosen und Farnen. Versteinerungen haben uns verraten, daß Magnolien, Seerosen und Lotusblumen mit zu den ältesten Blütenpflanzen gehören.
Die Evolution der Blütenpflanzen begann, als sich um die Samenanlagen, die vorher nackt und offen dalagen, eine Schutzhülle, der Fruchtknoten, bildete. In der Fachsprache erhielten die Blütenpflanzen den Namen Bedecktsamer (*Angiospermae*), im Gegensatz zu den Nacktsamern (*Gymnospermae*), zu denen beispielsweise die Nadelgehölze zählen.

Die botanische Ordnung von Blütenpflanzen

Mit Hilfe der Blüten schufen Wissenschaftler ein Ordnungssystem für das Pflanzenreich. Lange Zeit hatte die Einteilung, die der schwedische Botaniker Karl von Linné (1707–1778) vornahm, Gültigkeit. Heute aber orientiert sich die moderne Systematik nicht nur an der Blüte, sondern auch an der Entwicklungsgeschichte der Pflanze. So erhielt jede Blütenpflanze einen Gattungs- und Artnamen und wurde aufgrund von Gemeinsamkeiten beispielsweise im Aufbau der Blüte einer Familie zugeordnet.
Dazu ein Beispiel: Der Rittersporn gehört zur Gattung *Delphinium* und die Artbezeichnung lautet *elatum*. Er wird der Familie der Hahnenfußgewächse zugerechnet. Zur gleichen Familie zählt beispielsweise auch die Akelei (*Aquilegia vulgaris*).

Der Blütenaufbau

Zeichnung 1
Die klassische Blüte besteht aus:

- dem Kelch, mit den meist grünen Kelchblättern,
- der Blumenkrone mit den in der Regel farbigen Blütenblättern,
- den männlichen Staubblättern mit Staubbeuteln und Staubfäden,
- den weiblichen Teilen, die aus Narbe, Griffel und Fruchtknoten bestehen und Stempel genannt werden.

Die Mehrzahl der Blüten ist zwittrig, das heißt, sie beherbergt sowohl männliche als auch weibliche Geschlechtsorgane.
Dabei könnte es leicht zu einer Selbstbefruchtung kommen. Das brächte aber alle Nachteile der Inzucht mit sich. Deshalb haben die Pflanzen allerlei Mechanismen entwickelt, die eine Selbstbefruchtung verhindern. So reifen bei manchen Arten männliche und weibliche Teile zeitlich versetzt, andere Arten haben eine Selbststerilität entwickelt. Die Selbststerilität ist ein biochemischer Vorgang, wobei, einfach ausgedrückt, der eigene Pollen nicht zur Chemie der Eizelle paßt und eine Befruchtung durch eigenen Pollen unmöglich ist.
Gleichgeschlechtliche Blüten haben entweder rein weibliche oder rein männliche Organe. Sie können entweder nebeneinander auf einer Pflanze oder getrennt auf verschiedenen Pflanzen wachsen.
Für die Bestäubung, also die Übertragung des Pollens auf die Narbe, sorgen sowohl bei zwittrigen, als auch bei gleichgeschlechtlichen Blüten Insekten oder der Wind, aber auch Vögel und die Hand des Züchters. Bei der Befruchtung verschmilzt ein männliches Pollenkorn mit einer weiblichen Eizelle. Aus den Samenanlagen entwickelt sich der Samen, der den Keimling für eine neue Pflanze enthält.
Der Samen wächst sich mit anderen Blütenteilen zur Frucht aus.
Hinweis: Die von den Gartenbesitzern so geliebten gefüllten Blütenformen entstanden durch die Hand des Züchters. Gezielte Auswahl und Kreuzungen machten es möglich, Staubblätter in weitere Kronblätter umzuwandeln. In der Natur zählt solch ein Prozeß zu den Abnormitäten, denn diese Schönheit muß mit stark verminderter Fruchtbarkeit bezahlt werden. Manche prächtige Gartenformen von Blumen sind durch Samen überhaupt nicht mehr vermehrbar. Sie verdanken sowohl Entstehung als auch Verbreitung dem geschickten Züchter.

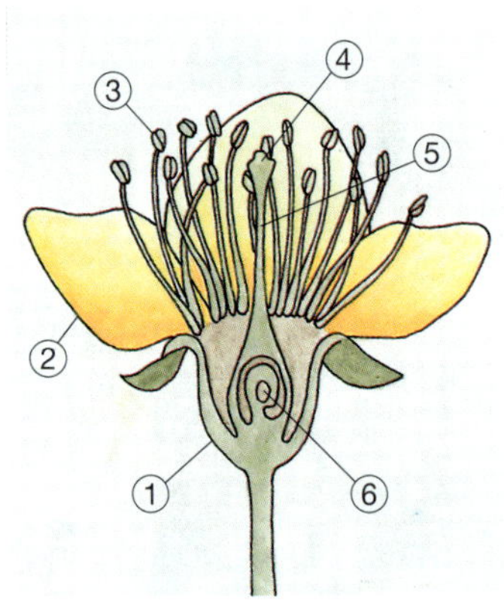

1 Die klassische Blüte besteht aus folgenden Teilen:
① Kelch mit Kelchblättern,
② Krone mit den Blütenblättern,
③ männliche Staubblätter,
④ Narbe,
⑤ Griffel,
⑥ Fruchtknoten.

Farben und Düfte

Stark duftende und farbenprächtige Blüten sollen Insekten anlocken, um die Bestäubung zu gewährleisten. Betörende Düfte, für die auch der Mensch sehr »anfällig« ist, entstehen durch leicht flüchtige ätherische Öle in den Blütenblättern. Die

2 *Verschiedene Blütenformen.* ① *Glockenblume,* ② *Blüte der Lilie,* ③ *röhrenförmige Blüte des Geißblattes,* ④ *lippenförmige Blüte der Wicke.*

meisten dieser Öle gehören zu den sogenannten Terpenoiden wie etwa Geraniol, das in Rosenblüten zu finden ist und Citronellol, das in den Blüten von Zitrusfrüchten vorkommt. Die Öle sind meist nach der gleichen Formel aufgebaut wie die Duftstoffe der Insekten. Geraniol beispielsweise hat die gleiche Zusammensetzung wie die Duftstoffe eines Hummelmännchens. Durch den Duft werden Hummelweibchen angelockt und bestäuben bei ihrem Besuch die Blüte. Da auch der Mensch für Blütendüfte empfänglich ist, werden beispielsweise aus Rosen- und Jasminblüten ätherische Öle destilliert, die als Grundlage für die Parfümherstellung verwendet werden. Für die Farbenpracht der Blüten sorgen Pflanzenfarbstoffe. Die häufigsten sind die Anthocyane. Sie liefern rote und blaue Farbtöne. Für Gelb, Orange und Gelbrot sind Flavone verantwortlich. Samtige und leuchtende Farben bilden sich durch dicht gelagerte, gleichmäßige Ausstülpungen auf der Oberfläche der Blütenblätter.

Blütenformen
Zeichnung 2
Die Blütenformen sind von Art zu Art unterschiedlich und haben ebenso wie Duft und Farbe die Aufgabe, Bestäuber anzulocken. Der klassischen Blütenform entsprechen die Rosen. Völlig neue Varianten bildeten sich durch Verwachsung der Blütenblätter. So entstanden zum Beispiel glockenförmige Blüten, wie die der Glockenblumen (*Campanula*), Blüten der Liliengewächse (*Lilium*), röhrenförmige Blüten – wie am Beispiel des Geißblatts (*Lonicera caprifolium*) in der Zeichnung gezeigt – oder Schmetterlingsblütler, zu denen zum Beispiel die Wicke (*Lathyrus odoratus*) gehört.

Blütenstände
Zeichnung 3
Die Blüten stehen entweder einzeln oder sind zu auffälligen Blütenbüscheln zusammengefaßt. Recht häufig findet man in Bauerngärten die Korbblütler (Astern, Margeriten, Tagetes) in deren »Körbchen« innen meist Röhren- und Zungenblüten sitzen. Weit verbreitet sind auch Dolden (Primeln), Kolben (Königskerze), Ähren (Fuchsschwanz), Rispen (Rittersporn), Trauben (Lupinen, Löwenmaul und Levkojen) und Mischformen wie Trugdolden (Bartnelke), Doldentrauben (Phlox) und Doldenrispen, wie sie zum Beispiel die Korbblüten der Astern bilden.

Wie oft blüht eine Pflanze?
Ein- und zweijährige Pflanzen vollziehen den Kreislauf von Keimung, Wachstum, Blüte, Frucht- und Samenreife im Ein- oder Zweijahreszyklus und sterben dann ab. Mehrjährige Blumen besitzen ausdauernde Wurzeln, Knollen oder Zwiebeln, aus denen jedes Frühjahr neue Sprosse treiben, die immer wieder blühen.

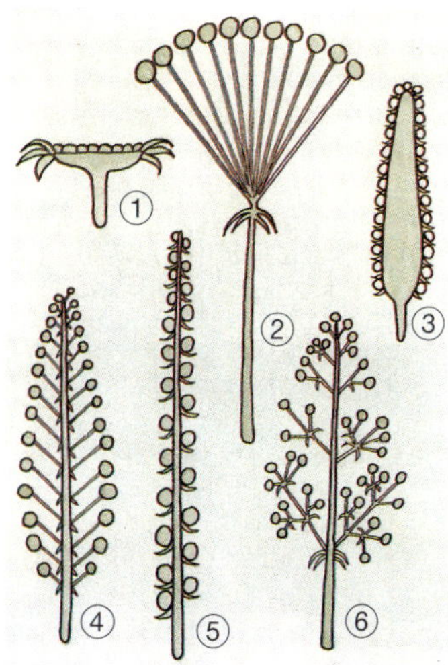

3 *Die wichtigsten Blütenstand-Formen sind:* ① *Körbchen,* ② *Dolde,* ③ *Kolben,* ④ *Traube,* ⑤ *Ähre,* ⑥ *Rispe.*

Gesunde Pflanzen erkennen
Wenn Sie vorgezogene Pflanzen kaufen, prüfen Sie sorgfältig, ob die Pflanzen gesund sind.
Gesunde Pflanzen

- machen einen kräftigen Eindruck;
- Triebspitzen und Knospen sind nicht von Blattläusen befallen;
- auf der Blattunterseite sind keine Spinnmilben zu finden (→ Praxis Pflanzenschutz, Seite 34).
- der Wurzelballen ist gut durchfeuchtet;
- die Triebspitzen oder Knospen sind nicht eingetrocknet;
- die Pflanze sollte nicht lang und dünn gewachsen sein. »Vergeilte« Pflanzen haben während der Anzucht zu wenig Licht erhalten und waren zu hohen Temperaturen ausgesetzt.

Cottage-Garten.
Prachtvoll wirkt die Bepflanzung an der alten Mauer, die diesen englischen Cottage-Garten umgibt. Die Farben Lila, Gelb, Weiß und Rosa zusammen mit sattem Grün ergeben eine eindrucksvolle Kombination.

Alte Futtertröge als Wasserbehälter.

So blühen sie am schönsten

Schmuckkörbchen.

Leuchtende Farben und üppige Blütenfülle vom zeitigen Frühjahr bis in den späten Herbst hinein zeichnen die Bauerngarten-Blumen aus. Um dies zu erreichen, müssen Boden- und Lichtverhältnisse, Nährstoffangebot und Pflege stimmen.

Der richtige Boden

Ideal sind leichte bis mittelschwere, gut durchlässige und neutrale Böden. Einige wenige Bauerngarten-Blumen benötigen kalkhaltige Böden (→ Seite 54 bis 105).

Bodenbeschaffenheit prüfen: Eine grobe Orientierung bekommen Sie mit einer Handvoll Erde aus Ihrem Garten und etwas Fingerspitzengefühl. Als Faustregel gilt:
- Leichter Boden ist sandig; er rieselt durch die Finger.
- Mittelschwerer Boden ist locker und krümelig.
- Schwerer Boden ist lehmig; er läßt sich zu einem festen Klumpen zusammendrücken.

Mein Tip: Zu schwere Böden vor der Pflanzung durch Beimengen von Sand lockern, zu leichte durch Zugaben von Lehm binden.

pH-Wert (Säuregrad): Er läßt sich mit Hilfe einfacher Meßgeräte (Fachhandel) messen.
- Neutraler Boden hat einen pH-Wert von 6,5 bis 7,5.
- Saurer Boden hat einen pH-Wert unter 6,5.
- Kalkhaltiger Boden hat einen pH-Wert über 7,5.

Mein Tip: Bodenanalysen nehmen auch Landesuntersuchungsanstalten (→ Adressen, Seite 111), private Labors (→ Branchenverzeichnis) und große Gartencenter vor.

Bodenvorbereitung bei der Neuanlage von Beeten

Soll aus einer Rasenfläche ein Beet für Bauerngarten-Blumen werden, läßt sich das folgendermaßen bewerkstelligen:

Bequem, aber langsam: Die vorgesehene Fläche wird ein Jahr vor dem Bepflanzen, am besten im Frühjahr, mit einer etwa 10 cm dicken Schicht aus Pappe und Zeitungen abgedeckt (keine Buntdrucke verwenden!). Darüber kommen etwa 20 cm hoch halbverrotteter Kompost, Laub oder Stroh, auch vermischt mit angetrocknetem Grasschnitt. Nach einem Jahr ist das Deckmaterial verrottet und zurück bleibt ein lockerer, humoser Boden. Etwas schneller geht es, wenn man im Herbst die Rasensoden absticht und den darunterliegenden Boden mit dem Pickel etwa 20 cm tief lockert. Dann die Rasensoden mit den Wurzeln nach oben auflegen, darüber halbfertigen Kompost oder Mist verteilen und alles mit Grasschnitt oder Stroh abdecken. Im Frühjahr Reste der Deckschicht abrechen. Darunter findet man einen feinkrümeligen Boden vor, in den sofort gepflanzt werden kann.

»Schweißtreibend«, aber schnell: Ganz Eilige können die Rasensoden abtragen, den darunterliegenden Boden etwa 25 cm tief lockern und herausschaufeln. Auf dem Grund der Grube Rasensoden mit den Wurzeln nach oben verteilen und wieder Erde auffüllen. In die Erdoberfläche Kompost und Gesteinsmehl (→ Seite 26) zur Bodenverbesserung einarbeiten. Wenn sich die Erde nach einigen Tagen »gesetzt« hat, kann gesät und gepflanzt werden.

Eine weitere Schnellmethode für Leute, die ausreichend Gartenerde zur Verfügung haben: Rasenfläche etwa 20 cm hoch mit einer Erdschicht bedecken und das Beet mit Holzbrettern einfassen, damit die Erde nicht vom nächsten Regen weggeschwemmt wird. Sobald sich die Gartenerde gesetzt hat, wird das Beet bestellt.

Pflanzen brauchen Nährstoffe

Zum Wachsen und Gedeihen brauchen Pflanzen ein ausgewogenes Nährstoffangebot. Die wichtigsten Pflanzennährstoffe sind:
- Stickstoff,
- Phosphor,
- Kalium,
- Magnesium,
- Calcium und
- Spurenelemente wie Eisen, Mangan, Bor, Molybdän, Kupfer und Zink.

In guter Gartenerde sind all diese Stoffe in ausreichender Menge vorhanden und müssen in der Regel mehrere Jahre nicht durch Düngen ergänzt werden. Läßt die Blühfreu-

Die Blüten der Pfingstrosen gibt es in Weiß über Rosa bis Dunkelrot.

digkeit der Blumen nach, ist es Zeit, nachzuhelfen. Gehen Sie dabei aber maßvoll vor, denn ein Überangebot an Nährstoffen ist genauso schädlich für die Pflanzen wie ein Mangel. Entwicklungsstörungen, spärliche Blüten und Krankheitsanfälligkeit sind die Folgen.

Mein Tip: Wenn Sie unsicher sind, welche Nährstoffe den Blumen fehlen, sollten Sie eine Bodenanalyse vornehmen lassen (Adressen von Bodenuntersuchungsstellen → Seite 111).

Den Boden biologisch verbessern
Nährstoffarme Böden lassen sich mit Hilfe zweier natürlicher Methoden enorm verbessern.

Mulchen: Im Herbst erhalten die Beete eine schützende Schicht aus Laub, angetrocknetem Grasschnitt oder gehäckseltem Stroh. Diese organischen Materialien verrotten den Winter über, reichern den Boden mit Nährstoffen an und bilden Humus. Gehen Sie beim Mulchen folgendermaßen vor:

- Nach der Herbstpflanzung (→ Pflanzzeit, Seite 24), die Jungpflanzen sollten mindestens 10 cm hoch sein, den Boden mit Hilfe einer Grabgabel, eines Sauzahns oder einer Hacke lockern.
- Organischen Dünger wie Mist, Kompost oder Gesteinsmehl (→ Seite 26) auf der Erdoberfläche verteilen und leicht in den Boden einarbeiten.
- Mulchschicht aufbringen. Laub etwa 10 bis 12 cm, Grasschnitt 3 bis 6 cm und Stroh 8 bis 12 cm dick schichten.
- Vor der Frühjahrspflanzung die Überbleibsel der Mulchschicht abrechen.

Gründüngung: In abgeerntete Beete werden Mitte August Leguminosen, das sind Hülsenfrüchtler wie zum Beispiel Lupinen, gesät. Verwenden Sie eine Samenmischung aus Lupinen, Ackerbohnen, Winterwicken und einjährigen Kleesorten. An den Wurzeln der Leguminosen findet man kleine Knöllchen, in denen Bakterien leben, die den Stickstoff der Luft binden können. Nach dem Absterben der Gründüngungspflanzen steht der Stickstoff den nachfolgenden Kulturpflanzen in besonders ausgewogener Form als Nährstoff zur Verfügung. Im Frühjahr werden vor dem Bepflanzen lediglich die abgestorbenen Düngerpflanzen weggerecht. Die Gründüngung ist nicht nur für ausgelaugte, sondern auch für verhärtete Böden die reinste Wunderkur.

Natürliche Dünger

Eine schnelle Nährstoffergänzung erreichen Sie mit Mist, Kompost und käuflichem Dünger (→ Seite 26 und Tabelle unten).

Kompost

Hauptträger der Bodenfruchtbarkeit ist heutzutage der Kompost, der am besten selbst gewonnen wird. Kompostieren können Sie alle Gartenabfälle, Stroh, Mist, Obst- und Gemüseabfälle, Eierschalen, Kaffee- und Teesatz mit Filtertüten, Wollreste, Haare, Holzasche, Sägemehl, alte Erde vom Umtopfen und unbedrucktes Papier in kleinen Mengen. Der Komposthaufen sollte nicht mehr als 1,2 m breit und 1,5 m hoch werden. Die Länge richtet sich nach dem Platz, der ihnen zur Verfügung steht.

Das ist beim Anlegen zu beachten:

- In der Mitte des zukünftigen Komposthaufens ein wenig Erde

Was Pflanzennährstoffe bewirken

	richtige Dosierung	Überangebot	Mangel
Stickstoff (N)	fördert Trieb- und Blattwachstum	triebiger Wuchs, hoher Wassergehalt, krankheitsanfällig, besonders für Läuse und Pilze, fader Geschmack, schlechte Haltbarkeit	gelbliche Blätter, schwächliches Wachstum
Phosphor (P)	fördert Blüten- und Fruchtbildung sowie Aufbau der Zellen	Stoffwechselstörungen, Eisen und Kupfer können nicht verwertet werden	rötlich-bräunliche Blattverfärbung, geringer Fruchtansatz
Kalium (K)	fördert Wurzel- und Knollenbildung, kräftigt Pflanzengewebe	Wachstumsstockung	Blätter verfärben sich an den Rändern braun und sterben ab
Magnesium (Mg)	fördert Blattgrünbildung	fördert Läuse und Spinnmilben	Gelbfärbung der unteren Blätter, Blattadern bleiben grün
Calcium (Ca)	fördert Wurzel- und Sproßwachstum	führt zu Phosphormangel	verringertes Wurzelwachstum
Schwefel (S)	fördert Stoffwechsel	Kleinwüchsigkeit, gelbe »verbrannte« Blätter	Gelbfärbung der jüngsten Blätter
Eisen (Fe)	regelt Energiestoffwechsel	Blätter verfärben sich dunkel- bis blaugrün, Wurzeln bräunlich	Gelbfärbung der oberen Blätter

anhäufeln, damit später das Regenwasser besser ablaufen kann.
- Eine etwa 20 cm hohe Abfallschicht ansammeln.
- Gesteinsmehl über die Abfallschicht streuen (→ Seite 26). Das Gesteinsmehl ist ein natürlicher Zusatzstoff. Es beschleunigt den Rottevorgang und reichert den Kompost mit Spurenelementen an.
- Alles mit einer 5 cm hohen Schicht Gartenerde abdecken.
- Weitere Abfallschicht aufbringen und so weiter verfahren, wie oben beschrieben.
- Die oberste Deckschicht des Komposthaufens besteht aus Erde oder halbverrottetem Kompost.

Der Komposthaufen muß immer feucht bleiben, sonst verrottet er nicht richtig. Das Umpflanzen mit Sonnenblumen ist eine gute Möglichkeit, den Komposthaufen im Sommer schattig, windgeschützt und »versteckt« zu halten. Die Sonnenblumenkerne sind außerdem eine gute Nahrungsquelle für Vögel.
Während des Verrottungsprozesses (etwa 3 bis 5 Monate) sollten Sie den Komposthaufen so umschaufeln, daß das Äußerste nach innen und das Unterste nach oben kommt.
Zunächst entsteht sogenannter Rohkompost, der unter Beerensträuchern und Obstbäumen eingesetzt werden kann. Nach etwa einem Jahr hat sich reifer Kompost, also feinkrümelige Erde, gebildet. Kompostgaben im Frühjahr und auch während der Vegetationsperiode auf das Blumenbeet gebracht, können Wunder hinsichtlich des Gedeihens und Blühens der Blumen wirken.
Hinweis: Wer mehr über die Kompostgewinnung wissen möchte, kann sich in dem GU Ratgeber »Gesunder Boden, gesunde Pflanzen. Lebendige Gartenerde – ertragreich ohne Gift« ausführlich informieren (→ Bücher, die weiterhelfen, Seite 111).

Aussaat im Freien. Einjährige Blumenarten können als »Lückenfüller« direkt ins Freiland gesät werden, wenn der Boden frostfrei ist.

Mist

In den alten Bauerngärten wurde die Bodenfruchtbarkeit über regelmäßige Mistgaben erhalten. »Wo nicht Mistus, da nicht ist Christus!« heißt eine alte Bäuerinnenregel.
Wer heute in der glücklichen Lage ist, Mist zu haben oder zu bekommen, sollte ihn unbedingt verwenden. Er wird im Herbst auf den gelockerten Boden (→ Mulchen, Seite 21) aufgebracht.
Rindermist: Frischer Rindermist darf niemals eingegraben werden, denn bei schweren Böden besteht die Gefahr, daß er wegen Sauerstoffmangels nicht verrottet, sondern vertorft. Damit er nicht austrocknet, wird er stets mit einer Mulchschicht aus Stroh, altem Heu, Rasenschnitt oder ähnlichem den Winter über abgedeckt.
Wird der frische Mist zunächst dem Komposthaufen zugegeben (→ Seite 22) und wandert durch dessen »Magen«, dann ist dieses Produkt besonders pflanzenverträglich.
Pferdemist: Er sollte am besten ausschließlich über den Komposthaufen zu bester Gartenerde verwandelt werden.
Schweinemist: Enthält viel Kali, aber wenig Kalk. Wird Schweinemist mit Gartenabfällen kompostiert, so entsteht ein hochwertiger Dünger.
Schaf- und Kleintiermist: Schafe, Kaninchen, Hühner und Tauben produzieren Mist mit zum Teil hohem Gehalt an Stickstoff, Kali und Phosphor. Diese Dünger keinesfalls frisch auf die Beete bringen, sie sind viel zu scharf und schädigen die Pflanzen nachhaltig.

PRAXIS
Säen/Pflanzen

Der richtige Standort

Bauerngarten-Blumen brauchen einen warmen, sonnigen und windgeschützten Platz. Damit ist schon die wichtigste Voraussetzung für eine üppige Blütenpracht geschaffen. Ein falscher Standort läßt die Blumen selbst bei bester Pflege kümmern und macht sie anfällig für Schädlinge und Krankheiten.

Pflanzzeit

Gesät beziehungsweise gepflanzt wird im Frühjahr und im Herbst. Containerpflanzen (→ Seite 15) können auch im Sommer gepflanzt werden. In den Pflanzenporträts ab Seite 54 finden Sie Hinweise für die Pflanzzeit der jeweiligen Art.

Der optimale Zeitpunkt: Die Bäuerinnen richteten sich früher in der Regel nach den Mondphasen, um den optimalen Zeitpunkt der Aussaat zu bestimmen. Die alten Bauernregeln sind jedoch von Land zu Land und von Region zu Region unterschiedlich. So soll zum Beispiel in Südtirol alles, was unter der Erde wächst, bei zunehmendem Mond gesät werden, alles, was über der Erde wächst, bei abnehmendem Mond. In Bayern ist man genau der gegenteiligen Ansicht!

Oft betrachtete man Neumond und auch den abnehmenden Mond als ungünstige Phasen für Aussaat und Vermehrung.

Aussaat im Freien

Wenn der Boden frostfrei ist und keine Nachtfröste mehr zu erwarten sind, kann direkt ins Freiland gesät werden. Orientieren Sie sich am besten an den Hinweisen zum empfohlenen Saatzeitpunkt auf den Samentütchen.

So wird's gemacht: Erde mit Hilfe einer Hacke lockern und eben rechen. Samen vorsichtig und nicht zu dicht auf der Erde verteilen. Sehr feines Saatgut vor dem Säen mit Sand vermischen und dann erst ausstreuen. Samen nach dem Verteilen dünn mit Erde bedecken und die Erde leicht mit dem Rücken eines Rechens andrücken. Bei trockener Witterung mit feiner Brause gießen.

Wenn die Keimlinge zu dicht aufgehen, muß »verzogen« werden. Lassen Sie kräftige Pflänzchen stehen und ziehen Sie die Schwächeren heraus. Diese Pflanzen werden entweder an einer freien anderen Stelle eingesetzt oder kompostiert.

Häufig fallen erste zarte Keimlinge den Schnecken zum Opfer. Deshalb besonders auf Schnecken achten und sie gegebenenfalls entfernen (→ Seite 32).

Achtung: Hülsenfrüchtler wie beispielsweise die Lupine (→ Seite 84), an deren Wurzeln sich Knöllchen bilden, vertragen nach der Aussaat im Freien das Verpflanzen schlecht. Vorgezogene kräftige Pflanzen in Töpfen (→ unten) dagegen gedeihen gut, wenn sie ihren endgültigen Platz im Freiland erhalten.

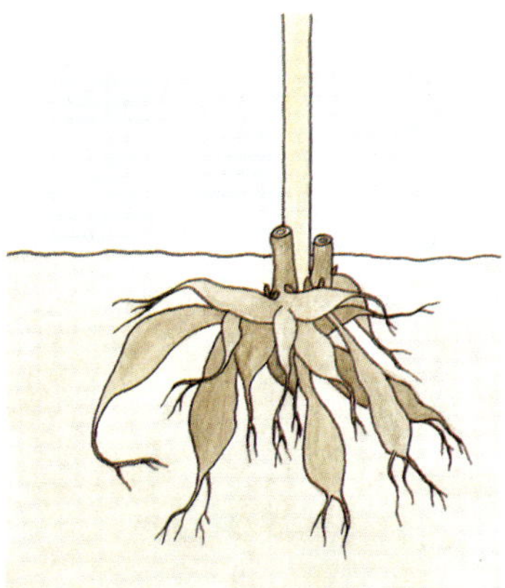

1 Dahlienknolle so in die Erde legen, daß das alte Stengelstück gegen den Stützstab lehnt. Knolle etwa 5 cm mit Erde bedecken.

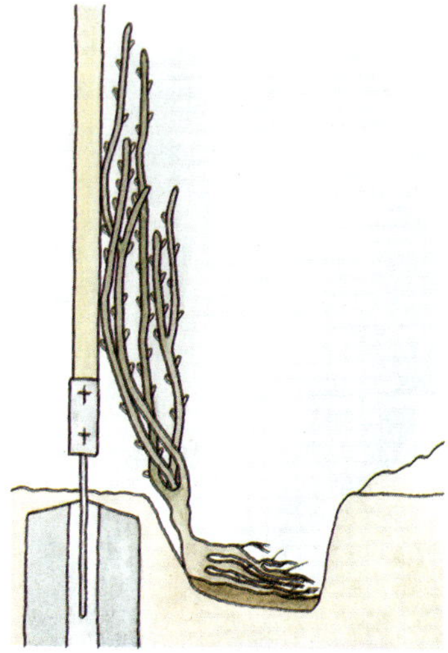

2 Beim Einpflanzen darauf achten, daß die Kletterrose zur Kletterhilfe hin geneigt ist.

Aussaat in Gefäßen: Diese Verfahrensweise bietet einige Vorteile: Die Pflanzen können in frostgeschützten Räumen vorgezogen werden und blühen dann auch im Garten früher als nach einer Aussaat im Freien. Für die Gartengestaltung sind vorgezogene Pflänzchen ebenfalls vorteilhafter, denn Sie können die Pflanzen ganz gezielt an bestimmten Plätzen und in passendem Abstand zu Nachbarpflanzen einsetzen. Was bei der Aussaat in Gefäßen zu beachten ist, erfahren Sie auf der Praxis-Seite 28.

Dahlien pflanzen

Zeichnung 1

Dahlienknollen etwa Mitte April in die Erde legen. Dazu pro Knolle einen Stützstab aus Holz oder Bambus (2,5 cm Durchmesser) in die Erde stecken und vor dem Stab ein etwa 15 cm tiefes Loch für die

Knolle ausheben. An der Knolle sollte sich ein altes Stengelstück mit mindestens einem Auge befinden. Aus dieser Krone heraus bilden sich die neuen Triebe. Die Dahlienknolle so in die Erde legen, daß das alte Stengelteil gegen den Stab lehnt. Knolle etwa 5 cm hoch mit Erde bedecken, wobei die Krone etwa 1 cm aus der Erde herausschauen darf. Erde rund um die Knolle leicht andrücken.
Pflanzabstand: Er richtet sich nach der Höhe der jeweiligen Dahlienart. Hochwüchsige Dahlien in 60 bis 90 cm Abständen, mittelwüchsige in 60 cm und aus Samen gezogene in etwa 40 cm Abstand pflanzen.

Kletterrosen pflanzen

Zeichnung 2
Rose vom Verpackungsmaterial befreien und vor dem Einpflanzen einige Stunden gut wässern. Verletzte Wurzeln entfernen und lange Wurzeln auf etwa 20 cm einkürzen. Oberirdische Triebe bei Frühjahrspflanzung stark zurückschneiden, bei Herbstpflanzung schwach zurückschneiden. Damit werden die Verdunstungsflächen reduziert, der Rose bleibt mehr Kraft für die Neubildung von Wurzeln.
Pflanzloch etwa 20 cm vor der Kletterhilfe ausheben. Die Tiefe des Pflanzlochs richtet sich nach der Veredlungsstelle (der dicke »Knubbel« unter dem Zweigansatz). Sie muß etwa 5 cm unter der Erdoberfläche sitzen. Im Pflanzloch müssen die Wurzeln bequem Platz haben. Wurzeln schräg in das Pflanzloch legen, so daß sie zur Kletterhilfe hin geneigt sind. Pflanzloch mit Erde auffüllen, festdrücken und mit Wasser die Rose gut einschlämmen. Der Gießrand, er besteht aus einem kleinen Erdwall rund um die Pflanzung, hält das Wasser an der richtigen Stelle. Kletterrosen im ersten Jahr oft und gut wässern.
Pflanzabstand: Bei Spalieren genügt ein Pflanzabstand von 3 m zwischen den einzelnen Rosen.

Zwiebeln und Knollen pflanzen

Zeichnung 3
Die beste Pflanzzeit im Herbst ist der September. Bis zum ersten Frost haben die Zwiebeln und Knollen dann lange genug Zeit zum Anwachsen und überstehen so den Winter besser. Aber auch im Oktober können die meisten Arten noch in die Erde gelegt werden.
Vorgezogene Zwiebelblumen im März/April, sobald der Boden frostfrei ist, einpflanzen.
Mein Tip: Kaufen Sie Zwiebeln und Knollen erst kurz vor dem Pflanzen, damit unnötige Lagerungszeiten vermieden werden.
Für die Herbstpflanzung der Zwiebeln und Knollen gilt als Faustregel: Zwiebeln und Knollen etwa dreimal so tief in die Erde setzen, wie sie hoch sind. In der Zeichnung sehen Sie die Pflanztiefen einiger Arten.
Der Pflanzabstand richtet sich nach der Zwiebel- beziehungsweise Knollengröße. Etwa walnußgroße Zwiebeln/Knollen im Abstand von 5 bis 8 cm setzen, große Zwiebeln/Knollen in 10- bis 15-cm-Abständen pflanzen.
Hinweis: Zwiebeln und Knollen können auch in die praktischen Pflanzkörbe (im Fachhandel erhältlich) gesetzt werden. Die Zwiebeln oder Knollen werden in den entsprechenden Pflanzabständen in den flachen Korb gelegt und mitsamt Korb in der richtigen Pflanztiefe (→ Zeichnung unten) in die Erde gelegt. Später läßt sich der Korb samt Zwiebeln und Knollen leicht aus der Erde herausnehmen. Außerdem schützen die Körbe vor Wühlmäusen und können sogar zur Lagerung der Zwiebeln und Knollen verwendet werden.

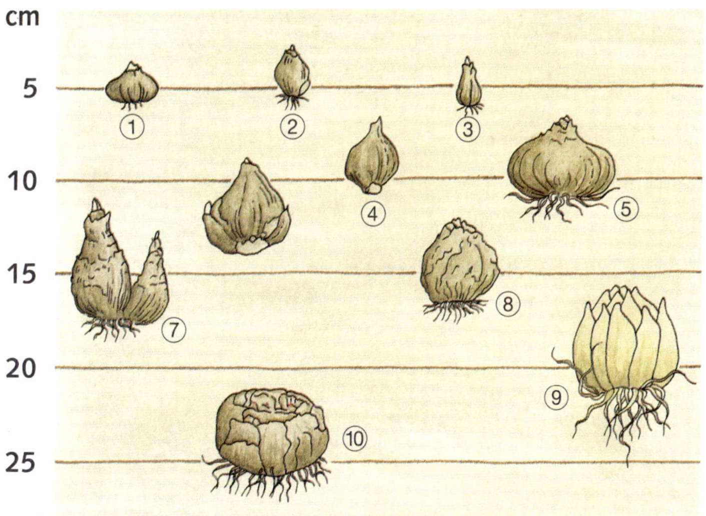

3 Pflanztiefen einiger Zwiebel- und Knollenpflanzen: ① Krokus, ② Traubenhyazinthe, ③ Schneeglöckchen, ④ Botanische Tulpe, ⑤ Gladiole, ⑥ Gartentulpe, ⑦ Narzisse, ⑧ Hyazinthe, ⑨ Madonnenlilie, ⑩ Kaiserkrone.

Käufliche Dünger

Empfehlenswert sind folgende stickstoffhaltige organische Dünger: Hornspäne, Blut- und Knochenmehl und Guano. Im Fachhandel werden auch viele fertig gemischte biologische Dünger angeboten.
Gesteinsmehle enthalten keinen Stickstoff, dafür aber Mineralien wie Silizium, Kalk, Kali und Magnesium. Sie können 3- bis 4mal im Jahr in kleinen Mengen auf das Beet gebracht werden. Alle genannten Dünger müssen leicht in die Erde eingearbeitet werden.
Auch Kalk und Holzasche sind natürliche Mineraldünger, sollten aber lediglich in kleinen Mengen und höchstens einmal im Jahr über die Beete gestreut werden.
Hinweis: Verwenden Sie keine Kunstdünger. Sie bestehen aus Mineralsalzen, die leicht zu einer Überdüngung und Bodenversalzung führen. Außerdem zerstören sie das Bodenleben und tragen zum Humusabbau bei.

Pflanzen brauchen Wasser

Wieviel Wasser Pflanzen brauchen, hängt von der Witterung und dem Entwicklungsstand der Pflanzen ab.
Nach dem Säen oder Pflanzen kräftig gießen, damit die Saat aufgeht und die Pflanzen gut anwachsen.
Im Frühjahr ist der Boden meist noch von den Winterniederschlägen gut durchfeuchtet. Deshalb nicht zuviel gießen, damit sich keine Staunässe bildet.
Im Sommer – bei trockener Witterung – Pflanzen gut feucht halten.

Pflegemaßnahmen rund ums Jahr

Unkraut jäten: Besonders bei Neupflanzungen wächst das Unkraut oft schneller als die Pflänzchen. Es muß regelmäßig gejätet werden. Lockern Sie etwa einmal in der Woche den Boden um die Pflänzchen mit einer Hacke. So kann man das Wachstum des Unkrauts in Grenzen halten.
Sobald der Bestand an Bauerngartenblumen zusammengewachsen ist, gibt es kaum noch Probleme mit Unkraut.
Aufbinden und Stützen: Vielen hochwachsenden Pflanzen, die dünne Stengel, aber große und schwere Blüten haben, muß man zusätzlichen Halt geben, damit sie nicht umfallen und platt am Boden liegen. Die herkömmlichste Art ist das Anbinden an einen Bambus- oder Holzpflock. Bei einzelnen Pflanzen den Stock neben die Pflanze stecken und den Stiel in etwa 20-cm-Abständen mit Bast oder Gartenschnur am Pflock festbinden. Dabei darauf achten, daß der Stiel nicht abgeschnürt wird.
Bei Pflanzgruppen steckt man drei dünne Holz- oder Bambusstäbe in einem Dreieck um die Pflanzengruppe und befestigt Bast- oder Gartenschnur rund um die Stäbe.
Je nach Höhe der Pflanzen in einem Abstand von etwa 20 cm eine Schnur anbringen. Zwiebel- und Knollenpflanzen wie zum Beispiel die Dahlien (→ Praxis-Seite 24) erhalten schon beim Pflanzen eine Stütze. Der Pflock wird mit der Zwiebel beziehungsweise der Knolle eingegraben, damit man später die unterirdischen Teile nicht durchbohrt. Welche Blumen eine Stütze benötigen, habe ich Ihnen in den jeweiligen Pflanzenporträts von Seite 54 bis 105 angegeben.
Hinweis: Im Fachhandel werden verschiedene empfehlenswerte Stützen und Kletterhilfen angeboten.
Verblühtes entfernen: Der Samenansatz kostet die Pflanzen viel Energie. Sofern Sie nicht selbst Samen von der Pflanze gewinnen möchten (→ unten), sollten Sie Verblühtes regelmäßig entfernen.
Samen gewinnen: Der Samen muß gut ausgereift sein und trocken geerntet werden. Bei Blumenarten, deren Samenkapseln nach der Reifung aufspringen, ein Mulläppchen oder eine kleine Plastiktüte an der Kapsel befestigen, unten zubinden und so den Samen auffangen.
Samen in trockenen Kapseln einfach in die Hand ausschütten, wenn die Kapsel oben geöffnet ist. Den trockenen Samen in Papiertütchen aufbewahren. Sorte und Erntejahr auf der Tüte vermerken.
Hinweis: Zum Aufbewahren von Samen keine Plastiktüten oder -gefäße verwenden, denn darin schimmelt der Samen.
Frostschutz: Empfindliche Pflanzen wie zum Beispiel Dahlien werden im Herbst ausgegraben und eingelagert. Dazu im November, nach den ersten Frösten, die Knollen ausgraben und sorgfältig von Erde säubern. Knollen etwa zwei Wochen an einem luftigen, trockenen Platz abtrocknen lassen. In eine vorbereitete, kleine Kiste eine Lage leicht feuchten Sand einbringen und die Knollen darauf betten. Knollen an einem kühlen, trockenen Platz lagern und den Sand von Zeit zu Zeit etwas anfeuchten, damit die Knollen nicht austrocknen (→ Dahlien pflanzen, Seite 24).
Hinweis: In den Pflanzenporträts ab Seite 54 finden Sie unter dem Stichwort Pflege genaue Hinweise für den richtigen Winterschutz der einzelnen Pflanzen.

Die Hortensien haben sich prächtig in diesem Bauerngarten entwickelt.

PRAXIS
Vermehren

Verschiedene Vermehrungsarten

Man unterscheidet bei Pflanzen zwei Arten der Fortpflanzung:
Bei der geschlechtlichen (generativen) Vermehrung muß die Blüte befruchtet werden und die Pflanze bildet Samen aus.
Bei der ungeschlechtlichen (vegetativen) Vermehrung entwickeln die Pflanzen Ableger oder lassen sich durch unseren Eingriff vermehren. Dabei werden Stecklinge, Triebstücke und Blätter der Pflanze für die Fortpflanzung verwendet (→ Pflanzenporträts ab Seite 54).

Vermehrung durch Stecklinge

Zeichnung 1
Buchs (→ Seite 96) beispielsweise läßt sich gut durch Stecklinge vermehren.
Das brauchen Sie: 1 scharfes, sauberes Messer, Gefäße mit Abdeckhauben. Günstig sind Töpfe aus Ton, Kunststoff oder Torf; für die Abdeckung genügen durchsichtige Plastiktüten. Anzuchterde (2 Teile Gartenerde und 1 Teil Sand) oder Aussaaterde (im Fachhandel erhältlich).
So wird's gemacht: Im Frühjahr gesunde Triebspitzen mit 3 bis 4 Blattpaaren abschneiden. Mit einem scharfen Messer den Steckling 1 cm unterhalb der Blattachsel abschneiden.
Knospen und Blüten ausbrechen, damit der Steckling nicht zu sehr geschwächt wird. Steckling bis leicht über die Blattachsel in die Erde stecken, andrücken und vorsichtig gießen.
Folienhaube darüberziehen.
3 bis 4 in die Erde gesteckte Holzstäbchen oder über Kreuz gebogener Draht verhindern, daß die Folie an den Stecklingen aufliegt und Fäulnis erzeugt. Folienhaube unten zubinden.
Topf hell bei 20°C aufstellen, aber direkte Sonneneinstrahlung vermeiden. Erde gut feucht halten, Folienhaube täglich lüften. Sobald sich Wurzeln gebildet haben, Haube entfernen.

1 Vermehrung durch Stecklinge. Seitentrieb unterhalb einer Blattachsel abtrennen und etwa 2 cm tief in die Erde stecken. Mit Folienhaube abdecken, täglich lüften.

Vermehrung durch Aussaat

Zeichnung 2
Bereits im Februar beginnt die Aussaat im Zimmer oder im Kleingewächshaus.
Das brauchen Sie: Blumensamen, Einheitserde »S« (im Fachhandel erhältlich) oder lockere, sterilisierte Gartenerde; Gefäße, empfehlenswert sind Anzuchtschalen mit oder ohne lichtdurchlässiger Abdeckhaube (aus dem Fachhandel), aber auch Holzkistchen, Eierkartons und sogar leere Quarkbecher (in deren Böden Wasserabzugslöcher gestochen werden müssen). Für die Aussaat von Hülsenfrüchtlern wie beispielsweise Lupinen verwendet man am besten Töpfe aus Ton, Kunststoff oder Torf.
So wird's gemacht: Feuchte Erde bis etwa 1 cm unter den Rand gleichmäßig im Gefäß verteilen und leicht andrücken. Samen in möglichst gleichmäßigem Abstand aussäen. Feine Samen vorher mit Sand mischen. Den Samen mit einer dünnen Erdschicht abdecken, leicht andrücken (Hand oder Brettchen) und mit feiner Brause angießen.
Gefäß an einen hellen Platz, aber nicht in die pralle Sonne stellen. Ideal sind Temperaturen von 18 bis 20°C. Für ein günstiges Kleinklima sorgt eine Abdeckhaube (es genügt auch eine durchsichtige Plastikfolie, die aber von Zeit zu Zeit gelüftet und nach dem Erscheinen der ersten Keimblätter entfernt werden muß).
Sobald sich die ersten Keimblätter zeigen, Gefäß an einen hellen, aber kühleren Platz (um 12°C) stellen.

Jungpflanzen pikieren
Sobald sich die Keimlinge gegenseitig berühren, müssen sie pikiert (vereinzelt) werden, weil sie sich sonst zuviel Konkurrenz um Licht und Nährstoffe machen und kümmern würden. Pikiert wird in Töpfe

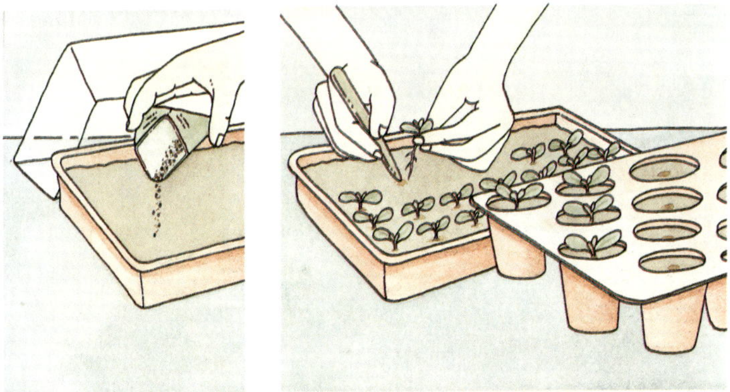

2 Vermehrung durch Aussaat. Samen ausstreuen und mit wenig Erde bedecken, andrücken und gießen. Später Pflänzchen pikieren.

oder in die praktischen Multitopfplatten (aus dem Fachhandel). Zum Vereinzeln entweder ein spezielles Pikierholz oder ein Holzstäbchen (zum Beispiel einen Schaschlikspieß) verwenden.
So wird's gemacht: Pflänzchen mit dem spitzen Ende des Pikierholzes aus dem Anzuchtgefäß heben. Wurzeln um etwa ⅓ einkürzen, das fördert das Wachstum.
Ein für die Wurzellänge ausreichend tiefes Pflanzloch vorbereiten und den Setzling einpflanzen. Die Erde um das Pflänzchen leicht andrücken und mit einer feinen Brause angießen. Die Pflanzen hell, aber nicht zu warm aufstellen (um 12 °C).

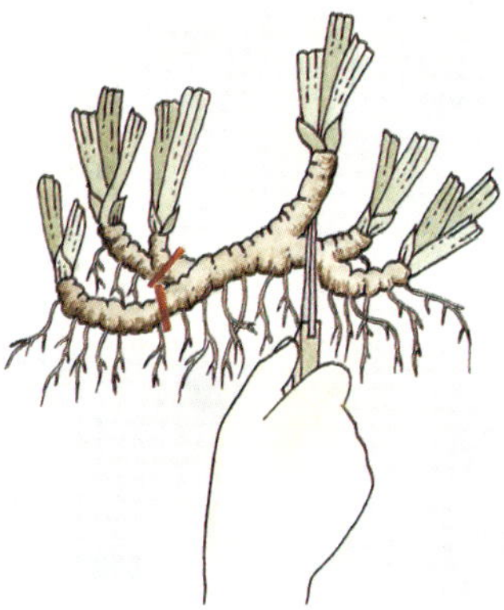

3 Rhizomteilung. Seitentriebe mit einem scharfen Messer vom Hauptrhizom abtrennen.

Vermehrung durch Teilung

Ausdauernde Blumen lassen sich durch Teilen vermehren. Wie getrennt wird, richtet sich nach der Größe und der Art ihrer Wurzeln (→ Pflanzenporträts ab Seite 54).

Teilen von Pflanzen mit Rhizomen
Zeichnung 3
Die Iris zum Beispiel hat Rhizomwurzeln. Sie wird folgendermaßen geteilt:
So wird's gemacht: Rhizom ausgraben und lockere Erde abschütteln. Das Hauptrhizom und die neuen unterirdischen Seitentriebe werden sichtbar. Seitentriebe mit mindestens 2 Wachstumsknospen mit Hilfe eines scharfen Messers vom Hauptrhizom abtrennen. Schnittstellen am besten mit Holzkohle desinfizieren. Die neu gewonnenen Rhizomstücke von welken Blättern oder Stielen befreien und mit den Wurzeln nach unten waagrecht in die Erde legen (Pflanztiefe je nach Art → Pflanzenporträts ab Seite 54). Nach dem Pflanzen gut wässern.
Das alte Rhizom ist meist verholzt und sollte kompostiert werden.

Teilen von Pflanzen mit fleischigen Wurzeln
Zeichnung 4
Der Phlox beispielsweise hat fleischige Wurzeln.
So wird's gemacht: Pflanzen vor dem Ausgraben gut wässern. Mit Hilfe eines Spatens die Erde rund um die Staude einstechen und die Staude heraushebeln. Wurzeln mit zwei Grabgabeln oder einem Spaten teilen. Jedes Teilstück muß gut entwickelte Triebe und Wurzeln aufweisen. Es wird sofort verpflanzt und gut gewässert.

Teilen von Zwiebelpflanzen
Die meisten Zwiebeln bilden unter guten Bedingungen kleine Tochterzwiebeln aus, die entfernt und neu verpflanzt werden.
So wird's gemacht: Nach dem Einziehen der Blätter Zwiebel ausgraben und Tochterzwiebeln mit Hilfe der Hände abtrennen. Alle Zwiebeln trocken lagern und im September/Oktober einpflanzen.

4 Pflanzen mit fleischigen Wurzeln werden ausgegraben und mit Hilfe von zwei Grabgabeln geteilt.

Erste Hilfe für Ihre Blumen

Marienkäfer.

Bauerngarten-Blumen sind in der Regel robust und wenig anfällig gegen Krankheiten. Wenn sie aber keinen optimalen Standort haben oder nicht richtig gepflegt werden, beginnen die Pflanzen zu kränkeln.

Vorbeugemaßnahmen

»Vorsorge ist besser als heilen« besagt ein altes Sprichwort, das sich auch auf das Gedeihen der Bauerngarten-Blumen in Ihrem Garten anwenden läßt.

Die wichtigsten Vorbeugemaßnahmen, damit Krankheiten und Schädlinge gar nicht erst auftreten, sind:

- Der richtige Standort für die jeweilige Blumensorte (→ Pflanzenportraits Seite 54 bis 105).
- Optimale Bodenvorbereitung (→ Seite 20).
- Maßvolle Düngung (→ Seite 20).
- Richtige Pflege (Schnitt, Bodenbearbeitung, Winterschutz).
- Begleitpflanzen, die durch ihre Ausdünstungen Schädlinge fernhalten (→ Seite 32).
- Regelmäßige Kontrolle des Pflanzenbestands, um einen Krankheits- oder Schädlingsbefall rechtzeitig zu erkennen (→ Praxis Pflanzenschutz, Seite 34).

Bekämpfungsmaßnahmen

Es gibt verschiedene Möglichkeiten, Krankheiten und Schädlingen »zu Leibe« zu rücken.

Biologisch: Vorbeugend und direkt wirken pflanzliche Jauchen und Brühen (→ Rezepte, Seite 32). Auch ätherische Öle und Essenzen (aus dem Fachhandel) gehören zur biologischen Krankheits- und Schädlingsbekämpfung. Durch das Stäuben mit Holzasche, Gesteinsmehl oder Algenkalk lassen sich Schädlinge vertreiben, ebenso durch das Pflanzen bestimmter Blumensorten mit starker Ausdünstung (→ Tabelle, Seite 32). Und natürlich helfen auch tierische Nützlinge wie zum Beispiel der Marienkäfer, zu dessen Leibspeise Blattläuse gehören (→ Nützlinge rechts).

Mechanisch: Schädlinge werden durch Absammeln oder Abspritzen befallener Pflanzenteile entfernt. Auch das Aufstellen von Fallen gegen Wühlmäuse gehört zur mechanischen Bekämpfung.

Mein Tip: Von der Anwendung chemischer Mittel rate ich ab. Häufig sind sie giftig und rotten nicht nur die Schädlinge, sondern auch die Nützlinge aus.

Nützlinge im Garten

Ein Garten, der nach biologischen Gesichtspunkten bewirtschaftet wird, kann viele Nützlinge aufweisen.

Marienkäfer und deren graugelb gepunktete Larven verzehren Unmengen an Blattläusen.

Ohrwürmer machen sich hauptsächlich nachts auf die Jagd nach Blattläusen, kleinen Insekten und Raupen.

Florfliegen mit ihren großen, durchsichtig grünen Flügeln ernähren sich vorwiegend von Blattläusen.

Spinnen spannen ihre Netze zwischen den Bauerngarten-Blumen auf, in denen sich viele Insekten verfangen.

Schwebfliegen ähneln im Aussehen den Wespen, sind aber kleiner. Ihre Larven verzehren mit Vorliebe Blattläuse.

Schlupfwespen, von denen es viele verschiedene Arten gibt, legen ihre Eier in Blattläuse, Raupen oder Gespinstmotten ab. Die Larven fressen den »Wirt« dann buchstäblich von innen auf.

Raubwanzen vertilgen Blattläuse und Spinnmilben.

Laufkäfer fallen durch ihren glänzend schwarzen Chitinpanzer auf. Sowohl der Käfer als auch seine Larven ernähren sich von Raupen, Larven und Puppen anderer Insekten, Drahtwürmern und sogar kleinen Schnecken.

Quittenbaum.
In diesem Quittenbaum hängt ein Blumentopf aus Ton, der mit Holzwolle gefüllt ist. Solch ein gemütliches Quartier beziehen die nützlichen Ohrwürmer mit Vorliebe. Die Unterpflanzung gibt dem Baum eine ganz eigene Note.

Vögel fangen vor allem während der Brutzeit große Mengen an Insekten, um den Nachwuchs zu versorgen.
Kröten und Frösche ernähren sich von Nacktschnecken, Würmern, Raupen und kleinen Insekten.
Igel gehen nachts auf die Suche nach Schnecken, Würmern, Raupen und sogar kleinen Mäusen. Einen Laub- oder Reisighaufen im Garten nutzen Igel gern für ihren Winterschlaf.
Blindschleichen gehören zur Familie der Echsen. Sie sind völlig harmlos, fressen vorwiegend Nacktschnecken, verschmähen aber auch Insekten und Raupen nicht. Laubhaufen in Gärten gehören zu ihren bevorzugten Aufenthaltsplätzen.

Jauchen und Brühen – bewährte Hausmittel

Um Pflanzen zu kräftigen oder einem direkten Krankheits- beziehungsweise Schädlingsbefall den Garaus zu machen, haben sich folgende Jauchen und Brühen bewährt:
Mein Tip: Setzen Sie die Jauchen nur in Holz-, Steingut- oder Kunststoffbehältern an. In Gefäßen aus Metall kann es leicht zu unerwünschten chemischen Reaktionen kommen.
Ackerschachtelhalmjauche: Wirkt kräftigend auf die Pflanze, weil sie viele Spurenelemente enthält und beugt Pilzbefall (→ Praxis-Seite 35) vor. Jauche an einem sonnigen Platz etwa 2 Wochen gären lassen und täglich umrühren. Sie ist verwendbar, wenn sie nicht mehr schäumt. Nährlösung in der Hauptvegetationszeit (Juni bis August) alle 1 bis 2 Wochen im Wurzelbereich der Pflanzen ausbringen. In längeren Trockenperioden die Pflanzen vorher kräftig gießen.
Konzentrat: 1 kg frischer Ackerschachtelhalm auf 10 l Wasser.
Brennesseljauche: Ein hervorragender Stickstoffdünger, der die Pflanze kräftigt. Das Herstellungsverfahren ist das gleiche wie für die Ackerschachtelhalmjauche. Jauche an einem sonnigen Platz etwa 2 Wochen gären lassen. Gießen Sie die Jauche etwa wöchentlich von Juni bis August auf den Wurzelbereich der Pflanze. Konzentrat: 1 kg Brennesseln auf 10 l Wasser.
Brennesselbrühe: Hilft gegen Blattläuse. Brühe an einem sonnigen Platz einen halben bis einen Tag ziehen lassen und bei Befall der Pflanze unverdünnt versprühen.
Konzentrat: 1 kg frische Brennesselblätter auf 10 l Wasser.
Rainfarnbrühe: Wirkt gegen die Weiße Fliege, die Rote Spinne und Rostpilze (→ Praxis-Seite 35). Brühe an einem sonnigen Platz einen halben bis einen Tag ziehen lassen. Bei Befall der Pflanze versprühen.
Konzentrat: 300 g frischen Rainfarn auf 10 l Wasser.
Schmierseifenlauge: Hilft gegen Blattläuse. Schmierseife in heißem Wasser auflösen und nach dem Abkühlen auf die befallene Pflanze sprühen.
Konzentrat: 20 g unparfümierte Schmierseife in 1 l heißem Wasser auflösen.
Wermutbrühe: Vertreibt Raupen. Brühe an einem sonnigen Platz einen halben bis einen Tag ziehen lassen. Pflanze bei Befall spritzen.
Konzentrat: 300 g frische Wermutblätter auf 10 l Wasser.
Mein Tip: Die Spritzbrühe muß bei trockener Witterung fein auf den Pflanzen verteilt werden und sollte noch vor dem Dunkelwerden abtrocknen.
Achtung: Bewahren Sie Pflanzenbrühen immer so auf, daß sie für Kleinkinder und Haustiere unerreichbar sind. Ihr Genuß kann gesundheitsschädlich sein (→ Wichtige Hinweise, Seite 111).

Diese Pflanzen halten Schädlinge fern

Schädling	Abwehrpflanzen
Ameisen	Lavendel, Thymian
Blattläuse	Lavendel, Kapuzinerkresse
Erdflöhe	Wermut, Pfefferminze
Nematoden	Tagetes, Ringelblumen
Schnecken	Kresse, Senfsaat, Thymian
Wühlmäuse	Narzissen, Kaiserkronen

Tips zur mechanischen Schädlingsbekämpfung

Es gibt viele einfache Methoden, um Schädlinge an den Pflanzen in Grenzen zu halten.
Absammeln von Raupen, Käfern und Schnecken macht zwar etwas Mühe, ist aber durchaus wirkungsvoll. Allerdings sollte man nicht gleich jede Raupe töten, denn schließlich kann sich aus ihr ein schöner nützlicher Schmetterling entwickeln.
Abspritzen hilft gegen Blattläuse – vor allem im Anfangsstadium. Zielen Sie mit einem scharfen Wasserstrahl aus dem Gartenschlauch auf die Schädlinge. Diese Behandlung vertragen nur robuste Pflanzen.
Barrieren aus Steinmehl, Asche, Kalk oder Sand, die um das Beet gestreut werden, wehren Schnecken ab. Allerdings müssen Sie diese natürlichen Schranken nach jedem Regen erneuern.
Vom Wetter unabhängig funktionieren Schneckenzäune aus Metall oder Kunststoff (im Fachhandel erhältlich).
Stäuben mit Holzasche hilft gegen die lästigen Erdflöhe. Raupen und viele Läuse-Arten mögen es nicht, wenn man die Beete mit Gesteinmehl oder Algenkalk bestäubt. Der feine Staub wird jedoch vom Regen abgewaschen und muß deshalb öfters erneuert werden.

Igel gehen nachts auf Schnecken-, Würmer- und Raupenjagd.

Pflegefehler

Farbliche Veränderungen an den Blättern der Pflanzen oder geringe Blühfreudigkeit haben ihre Ursachen nicht immer in Krankheiten, sondern zeigen oft Pflegefehler an.

Rotbraune oder graue Blattflecken: Es muß kein Pilzbefall vorliegen, häufig handelt es sich um Sonnenbrand. Abhilfe: An heißen Tagen Beet mit einer alten Zeitung abdecken.

Gelbfärbung der Blätter: Ursache kann Stickstoffmangel sein. Abhilfe: Zum Beispiel mit Brennessljauche (→ Seite 32) düngen.

Bleichwerden der Blätter: Meist bleiben die Blattadern grün. Wenn vorwiegend die oberen, jungen Blätter diese Symptome zeigen, liegt Eisenmangel vor. Seltener verfärben sich die unteren Blätter. Das zeigt Magnesiummangel an, der vor allem auf sauren (moorigen) Böden vorkommt. Abhilfe: Bei Eisenmangel Eisenchelat-Dünger (aus dem Fachhandel) verwenden. Bei Magnesiummangel Gesteinsmehl oder andere mangnesiumhaltige Dünger ausbringen (→ Seite 26).

Pflanzen blühen zögernd: Blühunwillige Pflanzen bekamen meist zuviel Stickstoff und zuwenig Phosphor. Dadurch wird vorwiegend das Wachstum von Blättern und Trieben gefördert. Es entwickeln sich große, weiche, anfällige Blätter, die auch noch ein willkommenes Fressen für Schädlinge sind. Abhilfe: Stickstoffgaben absetzen, phosphorhaltige Dünger wie zum Beispiel Knochenmehl (→ Seite 26) einsetzen.

Absterben der Pflanze: Oft ist Staunässe die Ursache. Die Wurzeln faulen und die Pflanze stirbt schließlich ab. Abhilfe: Nasse Standorte meiden oder für eine Sand- beziehungsweise Kiesdrainage sorgen.

Schädlinge

In Gärten, die nach biologischen Gesichtspunkten bewirtschaftet werden, finden sich viele Nützlinge wie Marienkäfer, Ohrwürmer oder Vögel ein. Sie halten Schädlinge wie zum Beispiel Blattläuse, Schnecken oder Käfer und Würmer in vertretbaren Grenzen. Erst, wenn die Schädlinge sich »explosionsartig« vermehren, müssen Sie Ihre Pflanzen wirksam schützen. Aber auch dann sollten Sie nur zu natürlichen Mitteln greifen und keinesfalls Gift im Garten einsetzen (→ Hausmittel, Schädlingsbekämpfung, Seite 32).

Drahtwürmer
Die etwa 2 bis 3 cm langen, harten, glänzenden Larven fressen gerne an Wurzeln und Stengeln. Abhilfe: Mit halbierten Kartoffeln, die mit der Schnittstelle nach unten in die Erde gedrückt werden fangen und vernichten.

Erdflöhe
Winzige schwarze oder schwarzgelbe Käfer, die kleine Löcher in die Blätter fressen. Abhilfe: Regelmäßig hacken und gießen, mit Holzasche oder Gesteinsmehl stäuben (→ Seite 32).

Erdraupen
Die grauen Raupen verbringen den Tag im Boden, nachts fressen sie an Wurzeln und Stengeln. Abhilfe: Raupen absammeln oder Wermutbrühe spritzen (→ Seite 32).

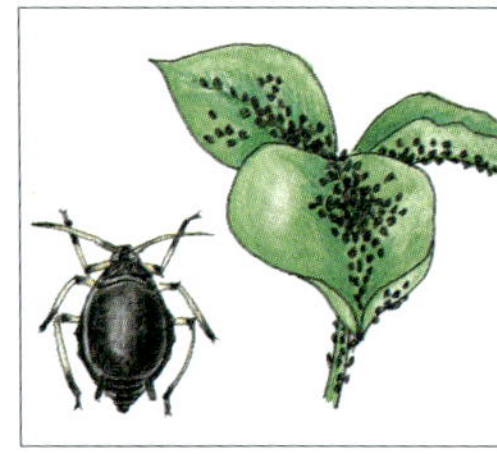

Blattläuse
Grüne oder schwarze Läuse an Blättern, Stengeln und Triebspitzen. Abhilfe: Bei leichtem Befall Pflanze mit Wasser abspritzen, bei stärkerem mit Schmierseifenlauge oder Brennesselbrühe.

Weiße Fliege
Kleine weiße Insekten auf der Blattunterseite. Sie bereiten vor allem im Gewächshaus Probleme, können aber auch durch gekaufte Pflanzen in den Garten eingeschleppt werden. Abhilfe: Mit Schmierseifenlauge oder Rainfarnbrühe spritzen.

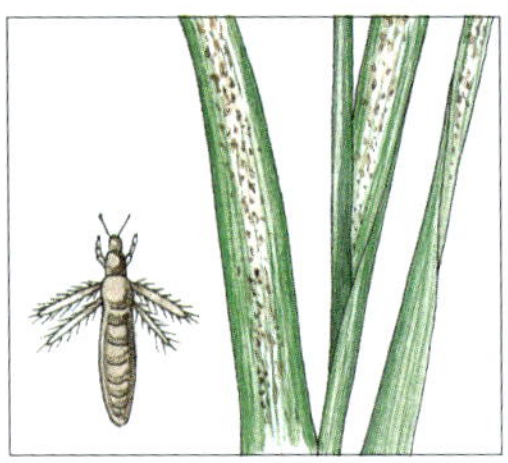

Thripse
1 mm große, gelb-schwarz gestreifte Insekten. Sie saugen die Blattzellen aus, so daß die Blätter silbrig gesprenkelt erscheinen. Abhilfe: Mulchen (→ Seite 21) oder Schmierseifenlauge (→ Seite 32) sprühen.

Spinnmilben
(Rote Spinne)
Winzige rötliche Milben in feinen Gespinsten. Befallene Blätter verkrüppeln und sterben ab. Abhilfe: Brennessel- oder Rainfarnbrühe spritzen (→ Seite 32).

Nematoden
Mit dem bloßen Auge kaum sichtbare wurmähnliche Tiere. Sie saugen an Wurzeln, die mit Mißbildungen reagieren und absterben. Abhilfe: Abwehrpflanzen wie Tagetes und Ringelblumen setzen, stark befallene Pflanzen vernichten.

Krankheiten

Krankheiten an Pflanzen können durch Pilze, Bakterien und Viren hervorgerufen werden. Pilze befallen vorwiegend geschwächte Pflanzen. Viele durch Pilze verursachte Krankheiten sind nur schwer zu bekämpfen, deshalb ist es wichtig, die Pflanzen möglichst optimal zu pflegen. Saugende Insekten, zum Beispiel Läuse, übertragen manchmal Bakterien und Viren auf Pflanzen. Dagegen läßt sich leider nichts tun. Befallene Pflanzen müssen vernichtet werden. Glücklicherweise kommen solche Krankheiten im Bauerngarten kaum vor.

Echter Mehltau
Grauer, mehliger, abwischbarer Belag auf den Blättern. Abhilfe: Nicht zu dicht pflanzen, Ackerschachtelhalmjauche auf Pflanzen spritzen und Boden oberhalb der Wurzeln gießen. Befallene Pflanzenteile vernichten.

Falscher Mehltau
Weißgrauer Schimmelbelag auf der Unterseite der Blätter, auf der Oberseite gelbe Flecken. Abhilfe: Ackerschachtelhalmjauche auf befallene Pflanzenteile spritzen und den Boden im Wurzelbereich gießen.

Grauschimmel
Vor allem in nassen Sommern. Faulstellen an Zwiebeln und Stengeln. Abhilfe: Nicht zu dicht pflanzen, die Pflanze mit Ackerschachtelhalmjauche spritzen (→ Seite 32), befallene Teile vernichten.

Rostpilze
Rostbraune bis dunkelbraune Pusteln auf Blättern und Stengeln, später sterben befallene Pflanzenteile ab. Abhilfe: Rainfarnbrühe spritzen (→ Seite 32).

Rußtau
Schwarzer, klebriger Belag auf Blättern und Trieben, der durch die Ansiedlung von Pilzen auf den honigartigen Ausscheidungen von Läusen entsteht. Abhilfe: Läuse bekämpfen.

Zwiebelbodenfäule
Pilzbefall an gelagerten Zwiebeln. Hellbraune, eingesunkene Stellen, Zwiebel fault. Tritt auf bei Narzissen, Tulpen. Abhilfe: Befallene Zwiebeln sofort vernichten, bisherigen Standort nicht mehr zur Lagerung nutzen.

Sternrußtau
Runde, dunkle Flecken an den Blättern von Rosen, die oft auch am jungen Holz erscheinen. Abhilfe: Ackerschachtelhalmjauche auf die befallenen Blätter spritzen und den Boden im Wurzelbereich damit gießen.

Asternwelke
Pflanzen welken plötzlich und sterben ab. Abhilfe: Staunässe und zu hohe Stickstoffgaben meiden. Befallene Pflanzen vernichten, nicht kompostieren, denn der Erreger steckt im Boden. Standort wechseln.

Mit Blumen aus dem Bauerngarten gestalten

Bunt oder Ton in Ton – für jeden Geschmack das Richtige

Ob einfache bunte Blumenecke oder klassischer Bauerngarten mit Kreuzeinteilung und Mittelrondell, die Planung beginnt am besten mit einem Spaziergang durch den Garten. Dabei kommen einem oft die besten Ideen: Wo kann ein neues Beet oder gar ein typischer kleiner Bauerngarten angelegt werden? Oder besteht die Möglichkeit, ein monotones Blumenbeet mit Bauerngarten-Blumen umzugestalten? Häufig genügt es schon, einige unpassende Stauden oder Gehölze zu verpflanzen oder zu verschenken und die Lücken dann mit typischen Bauerngarten-Blumen zu schließen. Im folgenden Teil des Ratgebers finden Sie einige Anregungen für die Bepflanzung neben Gestaltungsideen, die leicht in die Tat umzusetzen sind.

Kleines Wegkreuz mit Mittelrondell.
Diese Gartengestaltung paßt zu jedem Haus. Die Hochstamm-Rose in der Mitte des Rondells sorgt für eine optische Höhenabstufung.

Bepflanzungsbeispiele und Gestaltungsideen

Vom Blumenbeet bis zum Duftgärtlein

Rosenkugel.

Blumen aus dem Bauerngarten lassen sich vielseitig im Garten verwenden, sei es für die fröhlich bunte Blumenecke im Reihenhausgarten oder für ein rosa-violett gestaltetes Duftbeet mit nobler Buchseinfassung.

Tips für die Anlage

Beispiele von klassischen Bauerngärten finden Sie auf den Seiten 10 und 11. Für die Anlage einzelner Gestaltungselemente, wie etwa ein rundes Blumenbeet, sind folgende Methoden sehr hilfreich:

<u>Rundes Beet:</u> Basteln Sie sich dazu einen Zirkel, der aus zwei Holzpflöcken und einer Schnur besteht. Ein Pflock wird in das Zentrum des zukünftigen Rundbeetes geschlagen. Daran wird eine Schnur befestigt, deren Länge dem Radius des Beetes entspricht. Befestigen Sie nun das andere Ende der Schnur an dem zweiten Holzpflock. Jetzt können Sie einen exakten Kreis auf dem Boden ziehen.

<u>Geschwungene Elemente:</u> Buchseinfassungen beispielsweise müssen nicht immer gerade verlaufen, sondern können auch geschwungen sein (→ Seite 46). Etwa bei Hauseingängen möchte man den Verlauf auf beiden Seiten genau gleich haben. Hier ist es hilfreich, sich die Kanten mit Sägemehl oder Kreidepulver zu markieren. Am besten füllen Sie dafür das Sägemehl oder Kreidepulver in eine Flasche. Die geöffnete Flasche zum Boden geneigt, laufen Sie entlang der geplanten Kante und markieren deren Verlauf. Auch andere unregelmäßige Formen sollten Sie sich auf die beschriebene Art und Weise »vorzeichnen«.

<u>Gerade Kanten:</u> Rautenförmige Beete oder geradlinige Beeteinfassungen können mit Hilfe von zwei kurzen Holzpflöcken und einer Schnur gekennzeichnet werden. Dazu Schnur in der Länge der gewünschten Kante an den Holzpflöcken befestigen. Dann den einen Holzpflock am Anfang oder Ende der geplanten Kante einschlagen und den zweiten Pflock auf der gegenüberliegenden Seite in den Boden stecken. Die gespannte Schnur zeigt nun eine gerade Linie an, an der entlang Sie pflanzen können.

Wichtig für die Pflanzenauswahl

Sie sollten sich schon während der Planung vorstellen, wie die Bepflanzung einmal aussehen wird, wenn sie sich ein paar Jahre entwickelt hat. Berücksichtigen Sie bei der Blumenauswahl folgendes:

- Standort (Sonne/Halbschatten/Schatten)
- Höhe
- Breite
- Farbe
- Blühzeit
- Einjährig, zweijährig oder ausdauernd.

Selbst wenn Sie alles genau bedacht haben, wird sich manche Bepflanzung dann doch noch etwas anders entwickeln, als Sie sich das vielleicht vorgestellt haben: Den einen Blumen behagt der Standort doch nicht so gut, andere Arten fühlen sich so wohl, daß sie alles in ihrer Nähe verdrängen. Außerdem kann die Farbmischung doch nicht ganz Ihren Erwartungen entsprechen. Hier können Sie zur nächsten Pflanzzeit eingreifen und den Gewächsen einen geeigneteren Platz verschaffen.

<u>Die ausdauernden Blumen</u> sollten allerdings über einen längeren Zeitraum an einem bestimmten Platz bleiben. Sie sind sozusagen das »Standbein« für weitere Gestaltungsideen.

<u>Mit den ein- und zweijährigen Sommerblumen</u> haben Sie jedoch noch ein »Spielbein« und können alljährlich neue Varianten ausprobieren oder bei bewährten Kombinationen bleiben.

<u>Hinweis:</u> Der Planungs- und Gestaltungskalender auf Seite 40/41 hilft Ihnen, die richtige Pflanzenauswahl zu treffen. In den Steckbriefen ab Seite 54 finden Sie weitere detaillierte Angaben zur jeweiligen Blumenart.

<u>*Rosenbogen.*</u>
Kletterrosen und Geißblatt umranken den »Eingang ins Paradies«.

Planungs- und Gestaltungskalender

Dieser Kalender soll Ihnen beim Planen und Gestalten Ihrer Gartenbepflanzung helfen. Sie sehen »auf einen Blick«, wie hoch die einzelnen Blumenarten werden und wo sie am besten im Garten aussehen. Angegeben sind auch Blütezeit, Farbe und Lebensdauer der Blumen, damit Sie Ihre Pflanzen so auswählen können, daß es in Ihrem Garten vom zeitigen Frühjahr bis in den späten Herbst hinein blüht und gedeiht.

	Deutscher Name	Lateinischer Name	Höhe (in cm)
NIEDRIGE PFLANZEN BIS 30 cm	Aurikel	*Primula auricula*	10
	Christrose	*Helleborus niger*	20
	Frühlingsknotenblume	*Leucojum vernum*	20-30
	Gartenstiefmütterchen	*Viola x wittrockiana*	10-30
	Hyazinthe	*Hyacinthus orientalis*	25-30
	Maßliebchen	*Bellis perennis*	10-15
	Schneeglöckchen	*Galanthus nivalis*	15
	Tagetes	*Tagetes patula*	30
	Traubenhyazinthe	*Muscari racemosum*	15-20
	Veilchen	*Viola odorata*	10
	Vergißmeinnicht	*Myosotis palustris*	15-20
MITTELHOHE PFLANZEN BIS 90 cm	Akelei	*Aquilegia vulgaris*	40-80
	Essigrose	*Rosa gallica*	80
	Garten-Tulpe	*Tulipa gesnerana*	bis 50 (es gibt Zwergformen)
	Goldlack	*Cheiranthus cheirii*	bis 45
	Lavendel	*Lavandula angustifolia*	40-60
	Levkoje	*Matthiola annua*	30-90
	Löwenmaul	*Antirrhinum majus*	bis 50
	Lupine	*Lupinus polyphyllus*	60-90
	Margerite	*Chrysanthemum*	60
	Marienglockenblume	*Campanula medium*	50-90
	Pfingstrose	*Paeonia officinalis*	60
	Ringelblume	*Calendula officinalis*	bis 60 (auch niedrige Sorten)
	Schwertlilie	*Iris barbata*	50-80
	Tränendes Herz	*Dicentra spectabilis*	80
HOHE PFLANZEN AB 90 cm	Bechermalve	*Lavatera trimestris*	bis 120
	Dahlie	*Dahlia pinnata*	bis 200 (auch niedrige Sorten)
	Damascenerrose	*Rosa damascena*	100
	Feuerlilie, Echte	*Lilium bulbiferum*	100
	Fingerhut	*Digitalis purpurea*	150
	Fuchsschwanz	*Amaranthus caudatus*	bis 100
	Herbstaster	*Aster novi-belgii*	bis 150 (auch niedrige Sorten)
	Königskerze	*Verbascum densiflorum*	bis 200
	Madonnenlilie	*Lilium candidum*	150
	Phlox	*Phlox paniculata*	100
	Rittersporn	*Delphinium elatum*	180
	Schmuckkörbchen	*Cosmos bipinnatus*	120
	Sommeraster	*Callistephus chinensis*	bis 100 (auch niedrige Sorten)
	Sonnenblume	*Helianthus annuus*	bis 400
	Stockrose	*Alcea rosea*	200
	Strohblume	*Helichrysum bracteatum*	bis 110
	Türkenbundlilie	*Lilium martagon*	bis 150
	Weiße Rose	*Rosa x alba*	bis 200
	Zentifolie	*Rosa centifolia*	bis 200 (auch niedrige Sorten)

Blütezeit	*Farbe*	*Lebensdauer*	*Gestaltungstips*
IV - VI	gelb	ausdauernd	Blumenbeet, Einfassungen
XII - II	weiß, rosa weinrot	ausdauernd	Blumenbeet
III - IV	weiß	ausdauernd	Unter Sträuchern
III -VI	alle Farben, auch mehrfarbig	zweijährig	Blumenbeet, Wegrand
IV - V	rot, rosa, lila, blau, gelb, weiß	ausdauernd	Blumenbeet
IV - VI	rosa, rot, weiß	zweijährig	Einfassungen, neben Tulpen und Narzissen
III	weiß	ausdauernd	Unter Sträuchern
VI - X	gelb, braun, orange	einjährig	Blumenbeet, Einfassungen
IV - V	blau	ausdauernd	Blumenbeet
III - IV	blau	ausdauernd	Unter Sträuchern
III - V	blau	zweijährig	Blumenbeet, neben Maßliebchen
V - VI	blau, lila	ausdauernd	Blumenbeet
VI	rosarot	ausdauernd	Blumenbeet
IV - V	alle Farben, auch mehrfarbig	ausdauernd	Blumenbeet, Wegrand
IV - VI	gelb, braun, orange	zweijährig	Blumenbeet, Duftbeet, Einfassungen
VII - VIII	violett, blau, rosa	ausdauernd	Einfassungen, Duftbeet
V - VIII	violett, rot, rosa, gelb, weiß	einjährig	Duftbeet, Blumenbeet
VI - IX	rot, rosa, gelb, weiß, mehrfarbig	einjährig	Blumenbeet
VI - VIII	rot, rosa, gelb, weiß	ausdauernd	Blumenbeet, am Zaun
V - VI	weiß	ausdauernd	Blumenbeet
VI - VII	blau, rosa, weiß	zweijährig	Blumenbeet
V - VI	rot, rosa, weiß	ausdauernd	Blumenbeet
VI - X	gelb, orange, weiß	einjährig	Einfassungen, Blumenbeet
V - VI	violett, alle Farben	ausdauernd	Blumenbeet
IV - VI	weiß, rosa	ausdauernd	Blumenbeet, am Zaun, vor Mauern
VII - X	rosa, weiß	einjährig	Blumenbeet, am Zaun
VII - XI	rot, rosa, weiß, gelb	ausdauernd	am Zaun
VI - VII	rosa bis rot	ausdauernd	Duftbeet
VI - VII	flammendrot	ausdauernd	Blumenbeet
VI - VII	rot weiß	zweijährig	Blumenbeet
VII - X	dunkelrot	einjährig	in Gruppen an Zäunen und Mauern
IX - X	lila, blau, rot, rosa, weiß	ausdauernd	Blumenbeet, Zaun
VI - IX	gelb	zweijährig	Zaun, neben Rosen und Rittersporn
VI - VII	weiß	ausdauernd	Zäune, Blumenbeet
VI - VIII	violett, rosa, rot, weiß	ausdauernd	Blumenbeet
VI - VII	blau, rosa, weiß	ausdauernd	am Zaun, vor Mauern
VII - IX	rot, rosa, weiß	einjährig	am Zaun
VII -X	alle Farben	einjährig	Blumenbeet, Einfassungen
VII - X	gelb, braun, weiß	einjährig	am Zaun, vor Mauern
VI - IX	weiß, gelb, rosa, rot	zweijährig	Blumenbeet, am Zaun, vor Mauern
VII - X	rot, orange, gelb, rosa, weiß	einjährig	Blumenbeet
VI - VII	bräunlich - rosa	ausdauernd	Duftbeet
VI	weiß bis zartrosa	ausdauernd	Duftbeet, am Zaun neben blauen Blüten
VII	weiß, rosa, rot	ausdauernd	Duftbeet, im Zentrum von Beeten

Die Höhe der Pflanzen
Sie spielt eine wichtige Rolle beim Gestalten.
Niedrige Pflanzen eignen sich gut für Einfassungen oder aufgelockerte Wegränder (→ Tabelle Einfassungspflanzen, Seite 48).
Mittelhohe Pflanzen sind für Beete oder Rabatten ideal.
Hohe Pflanzen setzen am Zaun, vor dem Haus oder im Zentrum eines Beetes Akzente.
Kletterpflanzen umranken Eingangsbögen, den Zaun, das Haus, die Pergola oder das Nebengebäude (→ Tabelle rechts).

Zusammenspiel von Farben und Formen
Ob bunt oder farblich harmonisch abgestimmt, hier kann jeder Gartenbesitzer seinen Geschmack walten lassen.
In den traditionellen Bauerngärten blüht es meist kunterbunt durcheinander, während in den englischen Cottage-Gärten häufig bestimmte Farben vorherrschen (→ Cottage-Garten, Foto Seite 18/19).
Für Farbkombinationen gilt als kleine Richtlinie: Die Farbe Rot »beißt« sich oft mit gelb oder orange. Weiß dagegen paßt immer und wirkt auch neutralisierend.
Fällt die eine oder andere Blumenart, für die Sie sich entschieden haben, zu sehr aus dem gewünschten farblichen Rahmen, schneiden Sie die Blüten für die Vase und geben den Blumen zur Pflanzzeit einen neuen Platz, wo sie mit der Umgebung besser harmonieren.
Interessante Formkombinationen können sich ergeben, wenn Sie neben breitwüchsige Pflanzen mit großen Blättern feingliedrige Gewächse setzen. Auch mit den verschiedenen Blattformen und -farben kann man »spielen«. Viele Cottage-Gärtner haben es hier zu einer wahren Meisterschaft gebracht.
Breitwüchsig sind zum Beispiel Maßliebchen und Veilchen. Feinfiedrig dagegen Akelei und Margeriten. Die herzförmigen, gelappten Blätter der Bechermalven neben den haarfein gefiederten Blättern der Jungfer im Grünen sehen beispielsweise sehr hübsch aus. Die dreigeteilten, breiten Blätter der Dahlien und die zartgefiederten Blättern des Schmuckkörbchens erzielen ebenfalls einen überraschend schönen Effekt wie die großen, herzförmigen Blätter der Sonnenblumen neben den feingefiederten Blätter der Tagetes.
Das Heiligenkraut mit seinen silbergrauen Blättern setzt überall interessante Akzente.

Ranker und Kletterer
Mit Kletterpflanzen können Sie dem Haus, Pergolen, Eingangsbögen und Zäunen ein »grünes Kleid« anziehen.
Geeignet sind:
Feuerbohne (*Phaseolus coccineus*)
Geißblatt (*Lonicera caprifolium*)
Kapuzinerkresse (*Tropaeolum majus*)
Kletterrosen (*Rosa*-Arten)
Knöterich (*Polygonum aubertii*)
Wohlriechende Wicke (*Lathyrus odoratus*)

Zäune mit Blumen schmücken
Fast jeder Garten wird von einem Zaun umgeben, der zumindest zum Teil auch im Sonnenlicht liegt. Hier läßt sich ein schönes Blumenbeet anlegen.

Holzzaun mit bunten Bauerngarten-Blumen
Direkt an den Zaun werden hohe und überwiegend ausdauernde Arten nebeneinander in folgender Reihenfolge von links nach rechts gesetzt:
- Herbstastern (lila),
- eine Strauchrose (zum Beispiel *Rosa damascena bifera* 'Rose de Quatre Saisons', rosa),
- Rittersporn (blau),
- Sonnenblumen (gelb),
- Dahlien (rosa, hohe Sorten),
- Madonnenlilien (weiß) und
- Schmuckkörbchen (rot, rosa, weiß).

In die zweite Reihe pflanzen Sie etwas versetzt zur ersten (von links nach rechts):
- Mutterkraut (weiß),
- Löwenmäulchen (rot/rosa/weiß),
- Bartnelken (rosa),
- Levkojen (violett/weiß/weinrot),
- Tagetes (gelb und orange) und nochmals
- Mutterkraut (weiß).

Zu dieser Zusammenstellung sieht eine Einfassung mit lavendelblauer Katzenminze sehr hübsch aus.

Umrankter Maschendrahtzaun
Solch einen Zaun läßt man am besten von Kletterpflanzen zuwuchern.
Direkt an den Zaun von links nach rechts folgende Pflanzen setzen:
- Wohlriechende Wicke (rot/rosa/weiß),
- Marienglockenblume (weiß/blau),
- Kapuzinerkresse (gelb, rot, orange),
- Akeleien (lila),
- Feuerbohne (rot).

In die zweite Reihe von links nach rechts:
- Jungfer im Grünen (grün mit blauen Blüten),
- Ringelblumen (gelb/orange),
- Margeriten (weiß),
- Löwenmäulchen (rot, rosa, weiß, gelb)
- Bechermalven (weiß).

Nicht unbedingt nötig, aber recht schön dazu: Eine Einfassung mit gelbem Mauerpfeffer.

Ein Blütenmeer wogt vor diesem Haus und läßt es fast in den Blüten »ertrinken«.

Zaun auf dem Foto oben

Dieser Zaun gehört zu einem englischen Cottage-Garten und wurde auch in England fotografiert. Da dort häufig andere Pflanzen verwendet werden als bei uns, habe ich Ihnen die entsprechenden Alternativen zu den abgebildeten Arten zusammengestellt.

① Mutterkraut (weiß)
② Schafgarbe (rot), stattdessen Löwenmäulchen (rot) oder Bartnelke (rot) oder Phlox (rot)
③ Gefülltes Mutterkraut (weiß) stattdessen Margeriten (weiß)
④ Ziersalbei (violett), stattdessen Phlox (violett)
⑤ Rittersporn (blau)
⑥ Königskerze (gelb)
⑦ Schafgarbe (gelb), stattdessen Tagetes (gelb, hohe Sorten) oder Sonnenblumen (gelb).

Wer's gerne fröhlich bunt mag, kann sich an dieser Bepflanzung orientieren. Sie paßt zu jedem Haus.

Wegrand mit bunten Blumen. Kunterbunt wachsen hier die Blumenarten durcheinander. Nur die niedrige Bepflanzung direkt am Weg ist in einheitlichem Gelb gehalten. So wunderschön blüht es an diesem Weg von Juli bis in den Herbst hinein. Allerdings verlangen die ausgewählten Blumen einen sonnigen Standort.

① Tagetes (Tagetes patula)
② Dahlien (Dahlia pinnata)
③ Löwenmaul (Antirrhinum majus)
④ Zinnien rot und gelb (Zinnia elegans)
⑤ Salbei (Salvia officinalis)
⑥ Sommerastern (Callistephus chinensis)
⑦ Schmuckkörbchen (Cosmos bipinnatus).

Üppige Blütenpracht am Wegesrand

Wird ein Weg von Blumen gesäumt, macht es Freude, ihn zu beschreiten. Dabei ist es wiederum Ihrem Geschmack überlassen, wie Sie den Weg farblich mit Blumen einrahmen. Die Auswahl der Pflanzen erfolgt nach den bereits beschriebenen Kriterien (→ Wichtig für die Pflanzenauswahl, Seite 38).

Zum Foto links

Wer die Farbe gelb nicht so schätzt, kann den Wegrand mit karminroten Pechnelken (*Lychnis viscaria*) bepflanzen.
Schön sind auch die lavendelblauen Blüten der Katzenminze oder kleine Lavendelbüsche. Man kann hier mit Mutterkraut weiße Farbtupfer dazwischensetzen.
Anstatt der nicht so pflegeleichten Dahlien pflanzt man gerne Phlox in den entsprechenden Farben.
Gut für die zweite Reihe eignen sich Strauchrosen wie die Damascenerrose, die auch einen betörenden Duft verbreitet. Liegt der Wegrand überwiegend im Schatten, kann man ihn mit einer Buchsbordüre einfassen (→ Hauseingang im Halbschatten, Seite 46). Schön sind auch kleine Buchsbüsche, in regelmäßigem Abstand entlang des Weges gesetzt. Sie können noch kugelförmig beschnitten werden. Für bunte Farbtupfen sorgen hier schattenverträgliche Blütenpflanzen (→ Hauseingang im Halbschatten, Seite 46).

Wegrand wie im Cottage-Garten

Bepflanzt wird der Weg in zwei Reihen, wobei die niedrigen Blumensorten in den Weg hineinwachsen und dahinter mittelhoch wachsende Arten gesetzt werden. Sehr hübsch sieht folgende Kombination aus:
In den Weg wachsen in der Reihenfolge von links nach rechts nebeneinander:

- Mauerpfeffer (gelb)
- Pechnelke (karminrot)
- Heiligenkraut (gelb)
- Katzenminze (lavendelblau)
- Mutterkraut (weiß)
- Ringelblume (orange)

Dahinter gruppieren sich von links nach rechts:

- Stockrosen (weiß und rosa)
- Löwenmaul (gelb)
- Rittersporn (blau)
- Levkojen (violett und weiß)
- Königskerzen (gelb)
- Akeleien (lila)
- Fingerhut (rosa)
- Gladiolen (lila, gelb und weiß)

Auf die andere Seite des Weges setzt man die gleichen Pflanzen, aber nicht spiegelbildlich, sondern etwas anders zusammengestellt. Wie – bleibt Ihrem Geschmack überlassen.
Zusätzlich kann auch ein Rosenbogen (oder sogar mehrere Bögen hintereinander) den Weg überspannen (→ Rosenbogen, unten).

Der Rosenbogen

Ein Rosenbogen als Umrahmung für das Gartentürchen in sonniger Lage sieht besonders einladend und romantisch aus.
Bogenform: Im Gartenfachhandel werden empfehlenswerte Bausätze für Rosenbögen angeboten, die mit Bauanleitung geliefert werden und relativ einfach zu montieren sind. Es spielt keine Rolle, ob die Bögen oben abgerundet oder eckig sind. Die Form ist eine Sache Ihres persönlichen Geschmacks.
Material: Am stabilsten, aber auch am schwersten und teuersten sind Rosenbögen aus grauem verzinkten Metall. Die Bögen sind so haltbar, daß mehrere Generationen ihre Freude daran haben, und sie können in jeder Farbe gestrichen werden. Haltbar und wesentlich leichter sind Rosenbögen aus Kunststoff (Hart-PVC), die meist in den Farben weiß und grün angeboten werden.

Schön und nostalgisch wirkt Holz. Es hat jedoch trotz Imprägnierung den Nachteil, daß es nur eine begrenzte Lebensdauer hat.
Bepflanzung: Der Rosenbogen wird von beiden Seiten mit je einer Kletterrose bepflanzt.
Edel sieht die duftende zartrosa Kletterrose 'New Dawn' (→ Pflanzenporträts, Seite 95) und/oder die rote 'Sympathie' (→ Pflanzenporträts, Seite 95) aus. Zu Füßen der Rosen breitet sich Lavendel aus. Er harmoniert nicht nur farblich mit den Rosen, sondern steuert auch eine weitere Duftnote bei und vertreibt Blattläuse.
Als hohe Beipflanzen am Zaun sollten Sie blauen Rittersporn wählen. Dazu paßt wiederum sehr gut die weiße Madonnenlilie, die ihrerseits von lilafarbenem Phlox begleitet werden kann. Dann könnte sich beispielsweise die Bepflanzung so fortsetzen, wie ich es Ihnen für den Holzzaun mit bunten Bauerngarten-Blumen (→ Seite 42) beschrieben habe.
Hinweis: Pflanzen Sie rechts und links des Gartentores die Blumen in gleicher Reihenfolge, damit sich ein abgerundetes und harmonisches Bild ergibt.

Der Hauseingang
Die meisten Häuser haben einen wenn auch häufig kurzen Weg bis zur Haustür, den man mit Pflanzen einladend rahmen kann. Manchmal liegt der Hauseingang den größten Teil des Tages im Schatten. Aber es gibt ja auch Bauerngarten-Blumen, die schattenverträglich sind (→ Pflanzenporträts, Seite 54).

Hauseingang im Halbschatten
Zeichnung unten
Wenn sie den Weg und die anschließende Hauswand mit Eingangstür als halbes Wegkreuz betrachten, können Sie aus den klassischen Bauerngartenformen zahlreiche Elemente übernehmen (→ Bauerngärten nach alten Mustern, Seite 10/11). In unserem Beispiel sehen Sie eine geschwungene Buchseinfassung. Sie könnten aber auch Dreiecke, Viertelkreise oder andere Elemente aus den klassischen Bauerngärten für die Gestaltung verwenden.
Den Verlauf der Anlage sollten Sie sich mit Kreidepulver oder Sägemehl vorzeichnen (→ Seite 38).
Zu dieser Einteilung sieht eine Einfassung aus Buchs wie in unserem Beispiel besonders schön aus. Er gedeiht auch im Schatten, muß aber jährlich geschnitten werden. Verkauft wird der Einfassungsbuchs nach Bordürenmetern. Sie messen zunächst, welche Länge sie bepflanzen möchten. In der Baumschule bekommen sie dann die richtige Pflanzenanzahl.
Als noble Variante kann die Buchsbordüre auf beiden Seiten des Weges bis zum Gartentor fortgesetzt werden. Das sieht zusammen mit weißem Kiesbelag für den Weg wunderschön aus und harmoniert auch mit modernen Häusern.
Die beiden Eckbeete werden mit Blumen bepflanzt.

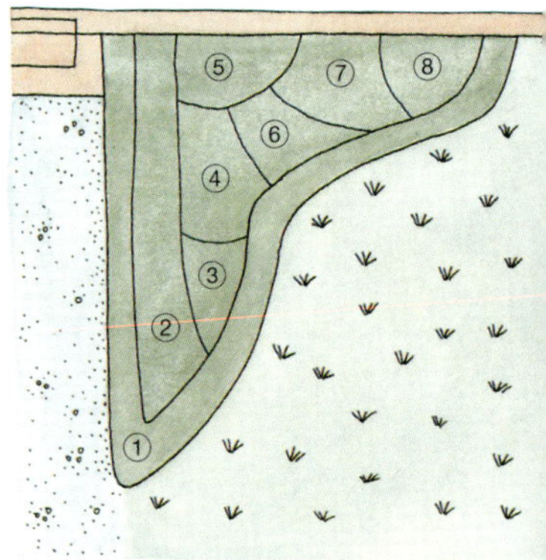

Hauseingang in sonniger Lage. Die Gestaltungselemente entsprechen der Zeichnung unten links. Alle Pflanzen vertragen Sonne.

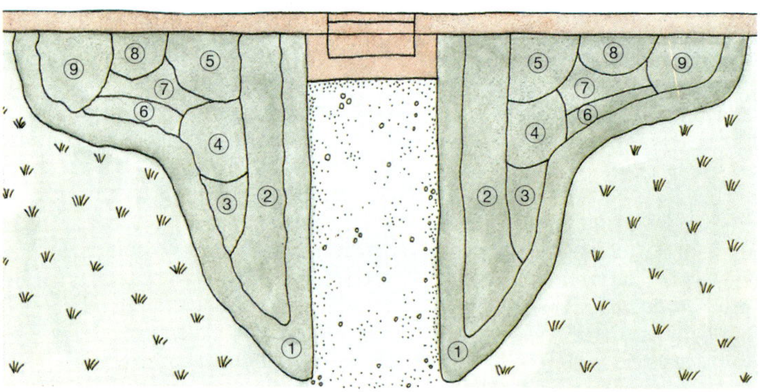

Hauseingang im Halbschatten. Klassische Gestaltungselemente aus dem Bauerngarten umrahmen diesen Hauseingang. Achten Sie bei der Pflanzenauswahl darauf, daß die Blumen Schatten vertragen.

Bepflanzungsbeispiel links:
1 Buchs (grün)
2 Balsaminen (weiß/rosa/rot/violett)
3 Gartenaurikel (rosa)
4 Lupinen (gelb)
5 Tränendes Herz (rosa)
6 Veilchen (violett)
7 Türkenbundlilie (rosa)
8 Christrose (weiß)
9 Eisenhut (blau)
Achtung: Der Eisenhut ist stark giftig (→ Warnhinweise, Seite 111)!

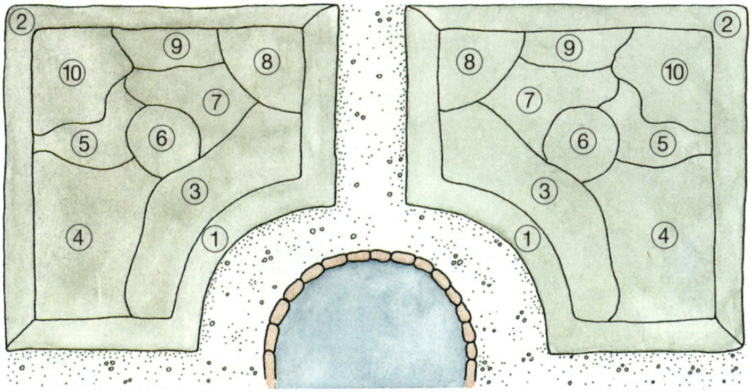

Duftgärtlein mit Wasserstelle. Um solche ein »Prachtstück« von Garten wird Sie jeder beneiden. Allerdings verträgt nicht jeder den intensiven Duft der Blumen.

Hauseingang in sonniger Lage
Zeichnung Seite 46
Alle hier aufgezählten Blumen mögen sonnige Standorte:
① Buchs (grün)
② Löwenmaul (rot, rosa, gelb, weiß)
③ Lavendel (violett)
④ Zinnien (rot, orange, gelb, weiß)
⑤ Rittersporn (blau)
⑥ Schmuckkörbchen (rot, rosa, weiß)
⑦ Madonnenlilie (weiß)
⑧ Pfingstrose (rosa)

Variante für größere Gärten: Sie können ein komplettes Wegkreuz mit 4 Beeten anlegen, von denen Sie jeweils 2 schräg gegenüberliegende Beete gleich bepflanzen.

Duftgärtlein mit Wasserstelle
Zeichnung oben
Eine kleine Beetanlage mit duftenden Blumen wird nicht nur Ihre Sinne betören, sondern die Bewunderung aller Blumenfreunde hervorrufen. Man sollte jedoch ein Duftbeet immer in einigem Abstand zum Haus anlegen, denn empfindliche Menschen können wegen der ständigen Überreizung der Geruchsnerven Kopfschmerzen bekommen oder sich unwohl fühlen.
Als Beispiel für die Anlage ist wieder ein halbes Wegkreuz gewählt, in dessen Zentrum ein Brunnen oder Wassertrog steht (→ Wasser im Garten, Seite 11). Alle Blumen mögen einen sonnigen Standort.

Duftpflanzen
Die hier aufgeführten Pflanzen duften intensiv. Wer Freude an einem Blumenbeet nur mit Duftpflanzen hat, kann mit Hilfe dieser Liste seine Wahl treffen.
Balsamine (*Impatiens balsamina*)
Bartnelke (*Dianthus barbatus*)
Geißblatt (*Lonicera caprifolium*)
Hyazinthe (*Hyacinthus orientalis*)
Lavendel (*Lavandula angustifolia*)
Levkoje (*Matthiola annua*)
Madonnenlilie (*Lilium candidum*)
Nachtviole (*Hesperis matronalis*)
Phlox (*Phlox paniculata*)
Rosen Rosa-Arten
Weiße Narzisse (*Narcissus poeticus*)
Wohlriechende Reseda (*Reseda odorata*)
Wohlriechendes Veilchen (*Viola odorata*)

Bepflanzungsbeispiel links:
① Lavendel (lila)
② Goldlack (gelb)
③ Balsaminen (weiß, rosa, rot, violett)
④ Levkojen (violett, rot, rosa, gelb, weiß)
⑤ Madonnenlilien (weiß)
⑥ Damascenerrose (rosa)
⑦ Nachtviole (lila)
⑧ Bartnelken (rosa)
⑨ Wohlriechendes Veilchen (lila)
⑩ Reseda (gelb)

Farbgarten in weiß, blau und lila
Wer die Betonung nicht auf Duft pflanzen, sondern auf Blumen, die farblich wunderbar harmonieren, legen möchte, wird von dieser Pflanzenkombination begeistert sein:

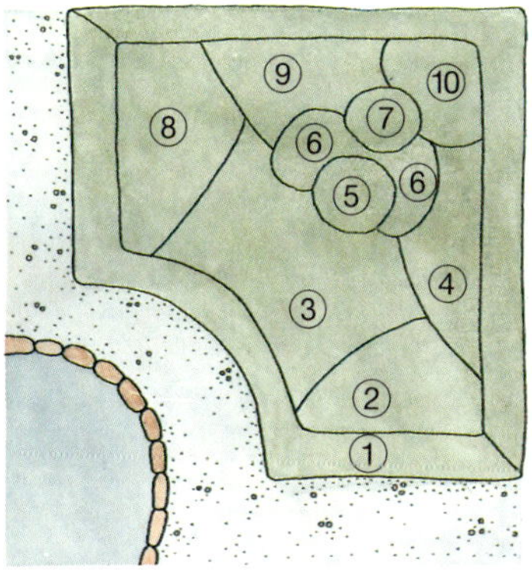

Farbgarten. Die Kombination der Blütenfarben weiß, blau und lila ergibt einen atemberaubenden Anblick. Die Gestaltung der Beete entspricht der Zeichnung oben links.

Bepflanzungsbeispiel oben:
① Buchs
② Katzenminze (lila)
③ Margerite (weiß)
④ Löwenmaul (weiß)
⑤ Rittersporn (blau)
⑥ Madonnenlilie (weiß)
⑦ *Rosa alba "Maxima"* (weiß)
⑧ Katzenminze (lila)
⑨ Löwenmaul (weiß)
⑩ Lavendel (violett)

Fast vergessene Heilkräuter und schmackhafte Küchenkräuter

Nicht nur Gemüse und Blumen wachsen in einem richtigen Bauerngarten, sondern auch die wichtigsten Kräuter. Praktischerweise lag die Kräuterecke immer an einem Platz, der von der Küche aus schnell zu erreichen war. Solange die Bauernhöfe überwiegend Selbstversorgerbetriebe waren, wurden hier auch heute fast vergessene Heilkräuter und Nutzpflanzen gezogen.

Der Odermenning, dessen gelbe Blütenähren an Königskerzen erinnern (→ Pflanzenporträt, Seite 76), gehörte zu den Heilkräutern, die man gern anpflanzte. Die vielseitige Pflanze galt als Heilmittel gegen Augenleiden; sie lieferte aber auch einen gelben Farbstoff zum Färben von Wolle und ließ sich sogar zum Gerben von Leder verwenden.

Aus den Blättern und Wurzeln des Eibischs gewann man ein recht wirksames Hustenmittel. Der Eibisch gehört zu den Malvengewächsen. Die weißen bis rosa farbenen Blüten werden heute noch getrocknet in Teemischungen verwendet.

Die Wurzel des gelbblühenden Alant enthält Wirkstoffe gegen Erkrankungen der Atemwege. Man brannte aus ihr aber auch eine Art Magenbitter.

Herzgespann wurde als Mittel gegen Herzkrankheiten eingesetzt. Seine rosaroten Lippenblüten erinnern an Taubnesseln.

Auch der Andorn zählt zu den Lippenblütlern. Seine weißen Blüten riechen durchdringend. Die Pflanze enthält Substanzen, die gegen Erkältungen helfen und zum Fiebersenken und Wurmaustreiben dienten.

Aus der Wurzel des Seifenkrautes wurde ein Aufguß gegen Husten zubereitet. Vor allem stellte man aus Seifenkraut eine Seifenlauge her, mit der auch empfindliche Gewebe schnell gereinigt werden konnten.

Die Wurzeln des Krapp dienten wiederum zum Färben von Stoffen. Sie lieferten einen roten Farbstoff, der aber durch die chemischen Farbstoffe verdrängt wurde.

Heute geht man zum Arzt und in die Apotheke, kauft Wäsche und Kleider fertig, und hat die Qual der Wahl zwischen zahllosen Seifen – kein Wunder, daß diese alten Heilkräuter und Nutzpflanzen aus den Bauerngärten verschwanden.

Einfassungspflanzen

Blumenbeete oder Rabatten sehen mit einer einheitlichen Pflanzeneinfassung wunderschön aus. Dafür geeignet sind:

Einfassungsbuchs (*Buxus sempervirens suffruticosa*)
Gartenaurikel (*Primula x pubescens*)
Hauswurz (*Sempervivum tectorum*)
Heiligenkraut (*Santolina chamaecyparissus*)
Katzenminze (*Nepeta x faasenii*)
Maßliebchen (*Bellis perennis*)
Mauerpfeffer (*Sedum acre*)
Mutterkraut (*Chrysanthemum parthenium*)
Pechnelke (*Lychnis viscaria*)
Ringelblume (*Calendula officinalis*)
Steinkraut (*Alyssum saxatile*)
Tagetes (*Tagetes patula*)

Nur die Küchenkräuter behaupteten zäh ihren Platz. Die Blüten vieler Kräuter sehen so reizvoll aus, daß sich selbst der reine Blumenfreund an ihnen erfreuen kann. Vielleicht die schönsten Blüten hat der Borretsch (→ Seite 103). Sie sind sternförmig und himmelblau. Ebenfalls blau blühen Salbei, Rosmarin und Ysop (→ Kräuter, Seite 102). Einen guten Kontrast dazu bieten die gelben Blüten von Tripmadam, Raute und Dill. Zartlila bis rosa blühen Schnittlauch, Thymian, Pfefferminze und Bohnenkraut. Weiße Akzente setzen Kamille und Majoran und für rote Tupfen sorgen die Blütenköpfchen der Pimpinelle und des Origano.

Oft wurden die Kräutergärtlein durch eine beschnittene Buchsbordüre eingefaßt, aber auch ohne diesen aufwendigen Rahmen sieht eine kunterbunt bepflanzte Kräuterecke sehr hübsch aus.

Das Kräuterbeet

Foto rechts

Kräuter verleihen dem Geschmack von Gerichten das Tüpfelchen auf dem »i« und eine Kräuterecke paßt auch in den kleinsten Garten. In den Bauerngärten wurden die Kräuter und Blumen nicht unbedingt voneinander getrennt, sondern wuchsen oft zusammen auf einem Beet. Hier ein Gestaltungsvorschlag für ein rautenförmig angelegtes Kräuterbeet.

① Buchs (grün, es gibt auch eine gelbblättrige Form).
② Raute (gelbblühend), da sie nicht so häufig verwendet wird, besser Basilikum (rote und grüne Art) anpflanzen.
③ Iris (violett) oder Schnittlach (lilablühend) pflanzen
④ Ysop (blau).

Dieses Kräuterbeet wird von einer rautenförmig angelegten Buchseinfassung umrahmt.

Bauerngarten-Blumen und ihre Pflegeansprüche

Blumen in Hülle und Fülle

Pflanzen sind Lebewesen mit eigenen Lebensansprüchen. Sie brauchen die richtigen Licht- und Bodenverhältnisse, das entsprechende Klima und Wasser zum Gedeihen.
Wenn Sie in Ihrem Garten viele verschiedene Blumenarten pflegen möchten, sollten Sie die Bedürfnisse der einzelnen Arten genau kennen, um ihnen die optimalen Lebensbedingungen schaffen zu können. Nur so erreichen Sie, daß die Blumen gesund bleiben, nicht kümmern, sondern Ihnen Ihre liebevolle Fürsorge mit üppiger Blütenpracht und prächtigem Wachstum danken.
Im folgenden Teil dieses Ratgebers finden Sie die individuellen Pflegeansprüche von mehr als 80 Blumenarten, Gehölzen und Kräutern, die seit langem in den Bauerngärten zu Hause sind.

Morgenstimmung. Frühnebel und Tau verzaubern den berühmten Garten Monet in Frankreich in ein lebendiges Gemälde.

Die schönsten Bauerngarten-Blumen

Stiefmütterchen.

Jede Blumenart hat ihr eigenes »Gesicht« und damit ihren eigenen Reiz. Das kann man in alten Bauerngärten besonders gut bewundern, denn hier wachsen die verschiedensten Blumenarten dicht nebeneinander. Welche Pflegeansprüche die einzelnen Arten haben, wird in den folgenden Pflanzenporträts beschrieben.

Der Ratgeber im Überblick
Dieser Ratgeber enthält drei Schwerpunkte:
Im Allgemeinen Teil (→ Seite 4 bis 35) haben Sie das Wichtigste über den Bauerngarten, seine typischen Pflanzen, wie man sie sät, pflanzt, pflegt, vermehrt und über Krankheiten und Schädlinge, die die Bauerngarten-Blumen befallen können, erfahren.
Der Gestaltungsteil (→ Seite 36 bis 49) zeigte Bepflanzungsbeispiele und gab Anregungen für die Gartengestaltung.
Im Steckbriefteil (→ Seite 50 bis 105) können Sie die einzelnen Pflanzenarten genau kennenlernen und sich über ihre Pflegeansprüche informieren.

Die Einteilung des Steckbriefteils
Auf den folgenden Seiten werden die wichtigsten Bauerngarten-Blumen, Gehölze, die zum Bauerngarten passen und attraktive Küchen-Kräuter vorgestellt.
Die detaillierten Angaben zu Blütezeit, Heimat, Standort, Pflege, Verwendung, Vermehrung und Schädlinge und Krankheiten der einzelnen Arten, ermöglichen Ihnen die optimale Wahl für Ihre Gartenbepflanzung zu treffen.
Der Steckbriefteil ist in 6 Gruppen eingeteilt:
- Zwiebel- und Knollenpflanzen (→ Seite 54 bis 61)
- Einjährige Bauerngarten-Blumen (→ Seite 62 bis 69)
- Zweijährige Bauerngarten-Blumen (→ Seite 70 bis 77)
- Ausdauernde Bauerngarten-Blumen (→ Seite 78 bis 90)
- Rosen und andere blühende Gehölze (→ Seite 91 bis 101)
- Kräuter (→ Seite 102 bis 105)

Innerhalb der Gruppen sind die Pflanzen nach botanischen Namen alphabetisch geordnet.

Erläuterung der Stichwörter
Zu Beginn jedes Steckbriefes wird die jeweilige Art kurz beschrieben, Blütenfarbe und Wuchshöhe angegeben. Dazu Informationen über:
Name: Botanischer Name sowie gebräuchlicher deutscher Name.
Blütezeit: Genannt wird der arteigene Blühtermin.
Heimat: Nennt die geographische Herkunft der Blumen, soweit bekannt auch den Zeitpunkt, ab dem sie im Bauerngarten kultiviert werden.
Standort: Informiert über Licht- und Bodenansprüche.
Pflege: Pflanzungstermin und die wichtigsten Pflegemaßnahmen.
Verwendung: Tips zum Gestalten und zu weiteren Verwendungsmöglichkeiten der Pflanze.
Vermehrung: Hier finden Sie die praktikabelste Vermehrungsmethode und den besten Zeitpunkt hierfür.
Schädlinge und Krankheiten: Es werden solche genannt, für die die Pflanze besonders anfällig ist.
Mein Tip: Ratschläge und Tips aus der persönlichen Erfahrung der Autorin.

Erläuterung der Symbole

○ Pflanze will volle Sonne

◐ Pflanze gedeiht auch im Halbschatten

● Pflanze verträgt Schatten

✂ Schnittblume

Duftpflanze

☠ Die Pflanze ist giftig, ungeeignet für Gärten mit Kleinkindern!

Der Inbegriff des Sommers – Sonnenblumen und Zinnien in vollendeter Harmonie.

Sonnenblumen und Zinnien überragen den Holzzaun des Bauerngartens. Beide Blumenarten gehören zu den einjährigen Pflanzen. Die Sonnenblume muß innerhalb von drei Monaten eine enorme Wachstumsleistung erbringen. Sie wächst während dieser Zeit bis zu vier Meter hoch. Sowohl Sonnenblumen als auch Zinnien brauchen einen sonnigen Platz, damit sie gedeihen.

Schön und vielseitig

Zwiebel- und Knollenpflanzen

Wenn man eine Hyazinthe anschaut oder die majestätische Madonnenlilie mit ihren duftend weißen Blüten bewundert, ist es kaum vorstellbar, daß diese schönen Blumen aus unscheinbaren Zwiebeln hervorgegangen sind.

Zwiebel- und Knollenpflanzen zählen zu den ausdauernden Gewächsen im Garten. Mit Hilfe ihrer unterirdischen Speicherorgane, den Zwiebeln oder Knollen, überstehen sie den Winter unbeschadet und treiben im Frühjahr wieder aus. Ausnahmen machen nur die Dahlien und die Gladiolen. Sie sind in unserem Klima nicht winterhart und brauchen ein frostfreies Winterquartier.
Wer Zwiebel- und Knollenpflanzen neu pflanzt, tut das am besten im Herbst. Lediglich die Lilien kommen schon im August oder September in die Erde, denn sie sollen im Herbst noch einen Blattschopf bilden. Dahlien und Gladiolen werden im Frühjahr, wenn der Boden frostfrei ist, gepflanzt.
Nach der Blüte ziehen Zwiebel- und Knollenpflanzen ein. Sie bieten dann kein schönes Bild im Garten. Doch die Lücken, die jetzt im Blumenbeet entstanden sind, können durch breitwachsende Nachbarpflanzen oder Aussaat von einjährigen Sommerblumen geschlossen werden (→ Einjährige Bauerngarten-Blumen, Seite 62).

Ein Augenschmaus – die zweifarbigen Schmuckdahlien.

Dahlia pinnata
Georgine, Dahlie
○ ✂

Dahlien gibt es in einer großen Farben- und Blütenvielfalt. Einfache margeritenblütige Dahlien werden oft nur 20 cm hoch, die gefüllten Schmuck- und Pompondahlien bis zu 2 m.
Blütezeit: Juli bis Frostbeginn.
Heimat: Mexiko, dort wachsen 15 Arten. Um 1790 kamen die ersten Dahlien nach Europa.
Standort: Sonnig; humose, mittelschwere, schwach saure Lehmerde.
Pflege: Knollen im Mai nach den Eisheiligen in die Erde legen und etwa 8 cm hoch mit Erde bedecken. Hohe Arten und Sorten anbinden. Abgeblühtes regelmäßig entfernen. Im Spätherbst vor den ersten Frösten Stengel etwa 10 cm über den Knollen abschneiden, Knollen herausnehmen, frostfrei und dunkel überwintern (→ Praxis-Seite 24).
Vermehrung: Teilung der Knollen im Herbst.
Verwendung: Besonders schön an Zäunen; Schnittblume.
Schädlinge: Schnecken, Blattläuse.

Die Kaiserkrone trägt ihren Namen zurecht.

Häufig müssen sich die weißen Blütenköpfchen des Schneeglöckchens einen Weg durch die Schneedecke bahnen, denn sie gehören mit zu den ersten Frühlingsboten.

Fritillaria imperialis
Kaiserkrone

○

Die majestätische Zwiebelpflanze bildet bis zu 1 m hohe Blütenstengel aus. Daran hängen 6 bis 8 rote Blütenglocken, die von einem grünen Blattschopf überragt werden. Es gibt auch orangerote und gelbe Formen.
Blütezeit: März und April.
Heimat: Persien und Kaschmir, um 1575 kamen die ersten Zwiebeln in mitteleuropäische Gärten.
Standort: Volle Sonne, durchlässiger Boden. Bei feuchten Böden für eine Drainage-Schicht aus grobem Sand oder Kies sorgen.
Pflege: Die faustgroßen Zwiebeln im Frühjahr in etwa 30 cm Tiefe setzen. Bei Spätfrösten für Frostschutz sorgen, zum Beispiel Eimer über die Triebe stülpen.
Verwendung: Besonders schön im Blumenbeet.
Vermehrung: Zu groß gewordene Zwiebelhorste können während der Ruhezeit (Juni/Juli) geteilt werden.
Mein Tip: Der seltsame Geruch der Zwiebeln soll Wühlmäuse vertreiben.

Galanthus nivalis
Schneeglöckchen

◐ ✂

Schneeglöckchen sind die ersten Frühlingsboten. Die weißen Blüten werden bis zu 15 cm hoch. Im Handel ist auch eine gefüllte Gartenzüchtung erhältlich, *Galanthus nivalis* 'Hortensis'.
Blütezeit: März.
Heimat: Südeuropa und Kaukasus. Wild kommt es heute in ganz Europa vor; die stark zurückgegangenen Bestände stehen unter Naturschutz. Kultur im Garten mindestens schon seit der Jahrtausendwende.
Standort: Bevorzugt halbschattige Plätze, zum Beispiel unter Sträuchern; jeder Boden geeignet. Ungeeignet für Beete, die öfter umgegraben oder bepflanzt werden.
Pflege: Zwiebeln im Herbst setzen, sie sollen etwa 5 cm mit Erde bedeckt sein.
Verwendung: Bepflanzung am Beetrand oder unter Sträuchern; Schnittblumen.
Vermehrung: Zu dicht gewordene Zwiebelhorste nach dem Einziehen im Juni teilen.

Gladiolus-Hybriden
Gladiolen

Durch Kreuzung mehrerer Arten entstanden die großblütigen Hybriden, die 60 bis 120 cm hoch werden und in fast allen Farben blühen. Es gibt sogar gefüllte und zweifarbige Sorten.
Blütezeit: Juni bis September.
Heimat: Die meisten der etwa 180 Arten stammen aus Afrika, die winterharte, purpurrot blühende *Gladiolus communis* aus dem Mittelmeerraum.
Standort: Sonniger Platz mit saurem, nährstoffreichem Boden.
Pflege: Knollen Ende April pflanzen. Hohe Sorten nach dem Austrieb anbinden. Die abgeblühten Stengel vor der Samenbildung entfernen, um die Knollen nicht zu schwächen.
Nach der Blüte und dem Einziehen des Laubes die Knollen ausgraben. Alte, geschrumpfte Mutterknolle entfernen und nur die neuen, etwa haselnußgroßen Brutknollen trocken und kühl, aber frostfrei überwintern.
Verwendung: Im Blumenbeet; Schnittblume.
Vermehrung: Brutknollen im Herbst von der Mutterknolle abtrennen und überwintern. Sie blühen im 2. Jahr.
Krankheiten: Pilzbefall möglich, jährlich Standort wechseln.

Gladiolen zählen zu den beliebtesten Pflanzen in Cottage-Gärten.

Als Zimmerpflanzen blühen Hyazinthen schon früh.

Frühlingsknotenblumen mögen feuchte Standorte.

Hyacinthus orientalis

Hyazinthe

○ ♆

Die dichten, stark duftenden Blütentrauben werden 25 bis 30 cm hoch. Die sternartig geteilten Röhrenblüten können rot, rosa, lila, blau, gelb oder weiß gefärbt sein.
Blütezeit: April bis Mai.
Heimat: Östliches Mittelmeergebiet, gelangte in der Mitte des 16. Jahrhunderts nach Europa.
Standort: Bevorzugt sonnige Lage und gut durchlässige humose Böden.
Pflege: Zwiebeln im Frühherbst in 10 cm Tiefe pflanzen; sie können jahrelang am gleichen Platz bleiben. Bei zu feuchten Böden nimmt man sie besser nach dem Einziehen heraus und bewahrt sie bis zur Pflanzzeit trocken auf. Hyazinthen vertragen keinen Mist als Dünger, sind aber für Kompostgaben dankbar.
Verwendung: Schön im Blumenbeet, auch als Einfassungspflanze.
Vermehrung: Bildet kleine Tochterzwiebeln aus.
Mein Tip: Hyazinthen können in Töpfen oder speziellen Gläsern zur zeitigen Blüte im Zimmer angetrieben werden.

Leucojum vernum

Frühlingsknotenblume

◑ ☠

Die breiten, weißen, nickenden Blütenglöckchen mit den gelbgrünen Rändern erscheinen bereits im zeitigen Frühjahr. Die Pflanze wird bis zu 30 cm hoch.
Blütezeit: März und April.
Heimat: Mitteleuropa und Mittelmeergebiet. Sie wird mindestens seit dem 15. Jahrhundert im Garten kultiviert.
Standort: Halbschattige, feuchte Plätze, zum Beispiel unter Sträuchern.
Pflege: Nach der Blüte oder im zeitigen Herbst Zwiebeln etwa 10 cm tief in die Erde legen. Die kleinen Zwiebeln sollten nicht austrocknen.
Verwendung: Besonders schön unter Sträuchern; auch für Einfassungen geeignet.
Vermehrung: Durch Samen und Brutzwiebeln von selbst, bilden dichte Rasen. Brutzwiebeln können nach der Blüte (Ende April) entnommen und sofort gepflanzt werden.
Achtung: Die Pflanze ist giftig!

Die Blüten der Madonnenlilie verströmen einen betörenden Duft.

Lilium candidum

Madonnenlilie

Die Madonnenlilie mit ihren reinweißen, duftenden Trichterblüten wird bis zu 1,50 m hoch.

Blütezeit: Juni und Juli.

Heimat: Vermutlich östliches Mittelmeergebiet, aber schon vor 4000 Jahren kultivierten Perser, Ägypter, Kreter, Griechen und Römer die Pflanze. Bis in die Neuzeit zog man sie bei uns nur als Heilpflanze gegen die vielfältigsten Wehwehchen. Lilienblüten findet man im Wappen zahlreicher Städte, aber auch als Symbol der Reinheit bei vielen Heiligen und der Jungfrau Maria.

Standort: Sonnige, ungestörte Plätze und gut durchlässige Böden.

Pflege: Pflanzung im August oder September in kleinen Gruppen zu 3 bis 5 Zwiebeln etwa 15 cm tief. Nach der Blüte zieht sie ein, bildet aber im September wintergrüne Blattschöpfe. Als Frostschutz in rauhen Lagen Abdeckung mit Reisig.

Verwendung: Besonders schön neben Rosen und Rittersporn; Schnittblume.

Vermehrung: Zwiebelhorste im August teilen und einpflanzen.

Mein Tip: Nicht mehrere Jahre hintereinander zuviele Blüten von einer Pflanze schneiden, da dies die Lilie zu sehr schwächt.

Feuerlilien haben einen ganz eigenen Reiz.

An einen Turban erinnert die Blüte der Türkenbundlilie. Diese Lilienart gehört zu den besonders robusten Pflanzen im Bauerngarten und kann am richtigen Standort sehr alt werden.

Lilium bulbiferum
Echte Feuerlilie

○ ✄

Die Feuerlilie mit ihren flammendroten, schalenförmigen, nach oben gerichteten Blüten wird bis zu 1 m hoch. In nordischen Gärten findet sich die orange Unterart *Lilium bulbiferum ssp. croceum*. Ebenfalls als Feuerlilie wird die orange bis scharlachrot blühende asiatische Doldenlilie *Lilium dauricum* bezeichnet. Es gibt viele Kreuzungen dieser Arten.
Blütezeit: Juni und Juli.
Heimat: Alpen und Mittelgebirge Europas.
Standort: Sonniger Platz, durchlässige, eher kalkarme Böden.
Pflege: Wie Madonnenlilie (→ links).
Verwendung: Besonders schön zu weißblütigen Pflanzen und Rittersporn.
Vermehrung: *Lilium bulbiferum* bildet an den Schäften in den Blattachseln kleine Brutzwiebeln aus. Brutzwiebeln ablösen, wenn sie sich leicht lösen lassen (Blütezeit). *Lilium bulbiferum ssp. croceum* und *Lilium dauricum* durch Teilung der Zwiebelhorste im Spätsommer vermehren.

Lilium martagon
Türkenbundlilie

◑ ✄

Ihren Namen hat die Pflanze von den rosa- bis purpurfarbenen turbanähnlichen Blüten. Die Stiele werden bis zu 1,50 m lang. Es gibt heute Kreuzungen mit dem aus Korea stammenden Goldtürkenbund (*Lilium hansonii*) und auch weiße und weinrot blühende Formen.
Blütezeit: Juni und Juli.
Heimat: Lichte Laubwälder Mitteleuropas, als Wildpflanze ist sie gefährdet und steht unter Naturschutz. Mindestens seit dem 16. Jahrhundert in Gartenkultur verwendet.
Standort: Bevorzugt feuchte, lockere, humose, eher kalkhaltige Böden und lichten Schatten.
Pflege: Im September oder Oktober Zwiebeln etwa 10 cm tief in die Erde legen.
Verwendung: Besonders schön im Blumenbeet; Schnittblume.
Vermehrung: Zwiebelhorste im Spätsommer, wenn die Stengel abgestorben sind, teilen und einpflanzen.

Die Blüten der Traubenhyazinthen duften nach Pflaumen.

Weiße Narzissen werden immer in Gruppen gepflanzt. Der unvergleichlich schöne Anblick ihrer duftenden weißen Blüten hat ihnen im Volksmund den Namen »Dichternarzisse« eingebracht.

Muscari racemosum
Traubenhyazinthe

○ ◑

Die Traubenhyazinthe bildet dichte Trauben aus bis zu 100 kleinen, blauen, meist weißgesäumten Blüten, die nach Pflaumen riechen und 15 bis 20 cm hoch werden. Sie wird heute nur noch selten im Handel angeboten, dafür aber die wüchsigeren und kräftiger gefärbten Arten *Muscari armeniacum* und *Muscari botryoides*.
Blütezeit: April und Mai.
Heimat: *Muscari racemosum* ist in Südwest- und Mitteleuropa heimisch, *Muscari botryoides* in Mittel- und Südeuropa bis nach Kleinasien. *Muscari armeniacum* stammt vom Balkan und aus dem Kaukasus.
Standort: Ideal sind sonnige Lagen und durchlässige Böden.
Pflege: Zwiebeln im September etwa 6 cm tief in die Erde legen. Bereits im Herbst erscheinen die grasartigen Blätter, die überwintern.
Verwendung: Besonders schön für Einfassungen.
Vermehrung: Zwiebelhorste nach der Blüte teilen und einpflanzen.

Narcissus poeticus
Weiße Narzisse

○

Die weißen Blüten mit gelbem, rotgerandeten Auge duften stark nach Nelken und werden 30 bis 40 cm hoch. Es gibt auch die reinweiße Sorte 'Actaea'. Aus Kreuzungen mit der gelben Trompeten-Narzisse (*Narcissus pseudonarcissus*) stammen die heutigen Gartenformen ab.
Blütezeit: April bis Mai.
Heimat: Süd- und Westalpen, seit dem Beginn des 17. Jahrhundert in Gartenkultur.
Standort: Sonnige, warme, nicht zu trockene Lagen.
Pflege: Gepflanzt wird in Gruppen im Herbst. Zwiebeln etwa 15 cm tief in die Erde legen. Nie zweimal hintereinander an den gleichen Platz setzen.
Verwendung: Besonders schön im Blumenbeet; Schnittblume.
Vermehrung: Große Zwiebelhorste im Frühsommer kurz vor dem Einziehen der Blätter herausnehmen, teilen und neu pflanzen.
Schädlinge: Narzissenfliege.

Tulpen gibt es in einer fast unüberschaubaren Formenvielfalt und einzigartigen Farbenpracht.

Tulipa gesnerana
Garten-Tulpe

○ ✂ ☠

Tulpen sind für den Frühlingsgarten unentbehrlich. Fast unüberschaubar ist die Formenvielfalt der *Tulipa gesnerana*-Hybriden. Sie blühen in fast allen Farben, auch mehrfarbig gestreift beziehungsweise geflammt oder gerandet.
Es gibt frühe, mittlere und späte Sorten mit einfachen (vorherrschend im Bauerngarten), gefüllten, gefransten oder lilienförmigen Blättern. Schöne alte Sorten sind 'Diana' (weiß), 'La Reine' (rosa) und 'Couleur Cardinal' (rot/violett).
Hinweis: Entsprechend einer internationalen Klassifizierung werden Tulpen in 4 Gruppen mit insgesamt 15 Klassen eingeteilt: Frühe Tulpen, mittelfrühe Tulpen, späte Tulpen und Wildarten.
Blütezeit: April bis Mai.
Heimat: Vorderer Orient. Sie kamen Mitte des 16. Jahrhundert nach Europa und lösten zunächst eine wahre »Tulpen-Hysterie« aus. 1613 gab es bereits gefüllte Tulpen, heute sind über 6000 Sorten bekannt.
Standort: Sonnige Plätze; jeder nicht zu nasse Boden geeignet.
Pflege: Gepflanzt wird in kleinen Gruppen etwa 10 cm tief. Tulpen bilden nach mehreren Jahren zu dicke Horste, die mit dem Blühen nachlassen. Man nimmt die Zwiebeln nach der Blüte heraus und pflanzt die großen, blühfähigen Zwiebeln im Herbst an anderer Stelle wieder ein. Verblühtes abschneiden; jeden Herbst mit Kompost düngen.
Verwendung: Besonders schön im Blumenbeet; Schnittblume.
Vermehrung: Teilung der Horste nach dem Blühen.
Achtung: Tulpenzwiebeln sind giftig und können die Haut reizen.

Die Blütenähren des Fuchsschwanzes sind unverwechselbar.

Farbspielereien mit Sommerblumen

»Lückenfüller« im Blumenbeet – die einjährigen Arten

Wenn die Blütenpracht vieler Blumen im Garten schon längst vorbei ist, haben die Einjährigen Hochsaison. Wer gerne experimentiert, kann mit ihnen jedes Jahr neue Farbkominationen im Blumenbeet ausprobieren.

Nach ihrer Aussaat im Frühjahr blühen die Einjährigen während der Sommermonate und zum Teil bis in den Herbst hinein unermüdlich, bilden Samen aus und sterben dann ab. Wegen ihres einjährigen Lebenszyklusses werden sie auch Sommerblumen genannt.
Die Sommerblumen eignen sich sehr gut als Beetpflanzen und füllen jede Lücke. Sie sind recht farbenprächtige, eifrige Blüher und meist auch dankbare Schnittblumen.
Robuste Arten wie Ringelblume, Jungfer im Grünen und Kapuzinerkresse können schon im zeitigen Frühjahr an Ort und Stelle gesät werden. Frostempfindliche Arten wie Löwenmaul, Zinnien und Sommerastern werden vorkultiviert und nach den Eisheiligen im Garten ausgepflanzt.

Amaranthus caudatus
Fuchsschwanz

○ ✂

Die dunkelroten, hängenden Blütenähren des Fuchsschwanzes sind eine auffallende Erscheinung im Bauerngarten und werden von Schmetterlingen sehr geliebt. Es gibt noch Arten und Formen mit gelblichgrünen Blüten sowie solche mit buntgeäderten Blättern und rötlichen oder gelblichen Trieben. Die Pflanze wird bis zu 1 m hoch.
Blütezeit: Juli bis Oktober.
Heimat: Mexiko, seit Ende des 16. Jahrhunderts auch in unseren Gärten.
Standort: Sonnige Plätze mit lockeren, nährstoffreichen Böden.
Pflege: Aussaat im Mai an Ort und Stelle; den sehr feinen Samen eventuell mit Sand mischen. Zu dicht aufgehende Sämlinge verpflanzen (→ Praxis-Seite 28).
Verwendung: Besonders schön in kleinen Gruppen an Zäunen oder vor Mauern; Schnittblume.
Vermehrung: Aussaat im Mai.
Schädlinge: Auf Blattläuse achten.

Das Löwenmaul gehört zu den Standardpflanzen im Bauerngarten und eignet sich besonders für bunte Blumenbeete.

Antirrhinum majus
Löwenmaul

○ ✂

Die eigenartig geformten Rachenblüten des Löwenmauls bilden aufrechte Blütentrauben, die von unten nach oben aufblühen. Die Blüten lassen sich mit der Hand zusammendrücken und so öffnen bzw. schließen. Wegen dieser Eigenschaft bekam die Pflanze ihren Namen. Aus der Wildform mit kleinen, unscheinbaren Blüten entstanden unsere großblütigen Gartensorten. Es gibt sie in rot, rosa, gelb, weiß und auch mehrfarbig. Die Wuchshöhe ist unterschiedlich, sie reicht von 20 bis 50 cm.

Blütezeit: Juni bis September.

Heimat: Mittelmeerraum, dort wächst das Löwenmaul als Staude (→ Seite 78). Die Stengel verholzem am Grund und treiben jedes Jahr wieder aus. Seit dem 16. Jahrhundert in unseren Gärten kultiviert.

In mildem Klima und auf geschützten Plätzen (zum Beispiel vor Mauern) mehrjährig.

Standort: Sonnige und warme Lagen; nährstoffreiche Böden.

Pflege: Aussaat im Haus oder Frühbeet im Februar und März. Samen nur dünn mit Erde bedecken und gleichmäßig feucht halten. Auspflanzen nach den Eisheiligen. Hohe Sorten in windigen Lagen abstützen.

Löwenmäulchen blühen bis in den September, wenn man Verblühtes immer wieder abschneidet. Bei Aussaat an Ort und Stelle im Mai kommen sie erst im Herbst zur Blüte.

Verwendung: Besonders schön für bunte Blumenbeete, niedrige Sorten auch für Einfassungen geeignet; Schnittblume.

Vermehrung: Aussaat ab Februar.

Krankheiten und Schädlinge: Rost, Mehltau, Blattläuse, Spinnmilben.

Einjährige Bauerngarten-Blumen

Aus Ringelblumenblüten wird eine Heilsalbe gewonnen.

Sommerastern sind beliebte Schnittblumen.

Calendula officinalis
Ringelblume

○ ✄

Die Blütenköpfchen der Ringelblume sind gelb, orange oder braunorange; es gibt einfache und gefüllte Formen, die 30 bis 60 cm hoch wachsen.
Blütezeit: Juni bis Oktober.
Heimat: Mittelmeergebiete.
Standort: Sonnige und trockene Plätze; sonst anspruchslos.
Pflege: Aussaat ab April an Ort und Stelle; Sämlinge bei feuchtem Wetter verpflanzen. Verblühtes regelmäßig abschneiden.
Verwendung: Schön im Blumenbeet, niedrige Sorten für Einfassungen; Heilpflanze, aus der Salbe gegen unreine Haut, Wunden und Krampfadern zubereitet wird; Schnittblume.
Vermehrung: Aussaat ab April.
Krankheiten: Mehltau.
Mein Tip: Ringelblumensalbe: Eine Handvoll frische Blüten in einigen Löffeln Schweineschmalz erhitzen, durch ein Tuch filtern und in einem Gefäß im Kühlschrank aufbewahren. Die Salbe ist mehrere Wochen haltbar.

Callistephus chinensis
Sommeraster

○ ✄

Sommerastern gibt es mit einfachen, halbgefüllten und gefüllten Blüten in fast allen Farben. Sie werden 15 bis 100 cm hoch.
Blütezeit: Juli bis Oktober.
Heimat: China und Japan, 1728 wurde sie in Europa eingeführt. Inzwischen entstanden durch Züchterfleiß unzählige Sorten.
Standort: Sonnige Lage und durchlässige, nährstoffreiche Böden.
Pflege: Aussaat ab März im Haus oder Frühbeet, pikieren (→ Praxis-Seite 28) und nach den Eisheiligen in den Garten pflanzen. Man kann auch Jungpflanzen beim Gärtner kaufen oder im Mai an Ort und Stelle säen.
Verwendung: Niedrige Beetastern eignen sich auch für Einfassungen, hohe sind gut mit anderen Sommerblumen zu kombinieren; Schnittblumen.
Vermehrung: Aussaat ab März.
Krankheiten: Asternwelke in feuchten Sommern. Vorbeugend nie zweimal hintereinander Astern an der gleichen Stelle pflanzen.

Einjährige Bauerngarten-Blumen

Die Blätter des Schmuckkörbchens wirken wie Gespinste.

Sonnenblumen wachsen bis zu vier Meter hoch.

Cosmos bipinnatus
Schmuckkörbchen

○ ✂

Die Pflanze mit den zarten, gefiederten Blättern bildet karmesinrote, rosa oder weiße Blüten mit gelber Mitte. Es gibt auch leicht gefüllte Sorten. Schmuckkörbchen werden bis zu 1,20 m hoch.
Blütezeit: Juli bis Herbst.
Heimat: Mexiko, seit dem 17. Jahrhundert in europäischen Gärten.
Standort: Sonnige Lage und nährstoffreiche Böden.
Pflege: Bei Aussaat im März im Haus oder Frühbeet Blüte im Juli und August, bei Aussaat im Freien ab Ende April Blüte erst im Spätsommer. Hohe Sorten anbinden. Während längerer Trockenperioden unbedingt gießen.
Verwendung: Besonders schön an Zäunen; Schnittblume.
Vermehrung: Aussaat ab März.
Schädlinge: Auf Schnecken achten.

Helianthus annuus
Sonnenblume

○ ✂

Die leicht hängenden Blüten der Sonnenblume können bis zu 35 cm Durchmesser erreichen. Es gibt einfache und gefüllte Formen mit braunschwarzen Röhrenblüten im Zentrum und gelben, braunen oder weißen Kranzblüten. Sonnenblumen sind die größten einjährigen Sommerblumen, sie werden bis zu 4 m hoch.
Blütezeit: Juli bis Oktober.
Heimat: Nordmexiko, sie kam Ende des 16. Jahrhunderts nach Europa.
Standort: Sonnenblumen brauchen einen sonnigen Platz, viel Wasser und Nährstoffe.
Pflege: Aussaat ab April im Haus oder ab Mai ins Freiland. Regelmäßig düngen (→ Seite 22). Hohe Sorten am besten an einen Pfahl anbinden.
Verwendung: Besonders schön am Zaun und vor Mauern; Schnittblume.
Vermehrung: Aussaat ab April.
Krankheiten: Mehltau und Grauschimmel.
Mein Tip: Sonnenblumenkerne sind für Vögel Leckerbissen.

Strohblumen eignen sich gut zum Trocknen.

Wicken verschönern jeden unansehnlichen Zaun.

Helichrysum bracteatum
Strohblume

○ ✂

Die kugeligen Blütenköpfchen der Strohblume können rot, orange, gelb, rosa oder weiß gefärbt sein; die Röhrenblüten im Zentrum sind gelb. Die Sorte 'Monstrosum' besitzt halb- bis ganzgefüllte Blüten. Strohblumen werden 30 bis 110 cm hoch. Es gibt auch die ausdauernde Art *Helichrysum arenarium* mit kleinen, kugeligen, goldgelben Blüten und wolligen, weißen Blättern. Sie wird 30 cm hoch.
Blütezeit: Juli bis Oktober.
Heimat: Australien, seit 1800 bei uns in Gartenkultur.
Standort: Sonniger Platz; trockener, nährstoffreicher Boden.
Pflege: Aussaat ab März im Haus beziehungsweise Frühbeet und ab Mai auspflanzen oder Direktaussaat ab April ins Freie.
Verwendung: Schnittblume, auch für Trockensträuße geeignet.
Vermehrung: Aussaat ab März.
Krankheiten: Auf Mehltau achten.

Lathyrus odoratus
Wicke

○ ✂

Die kletternden Duftwicken gibt es in allen Farben des Regenbogens außer gelb. Es sind Zwergformen im Handel, die nur 50 cm hoch werden und Prachtmischungen, die 1 bis 2 m Höhe erreichen.
Blütezeit: Juni bis September.
Heimat: Süditalien.
Standort: Sonnige Lage und humose Erde.
Pflege: Aussaat im zeitigen Frühjahr in Töpfe oder ab Ende April ins Freiland. Pflanzen nicht pikieren oder versetzen, sie gehen sonst ein. Die Duftwicke klettert mit Hilfe von Blattranken und braucht daher Rankhilfen, zum Beispiel ein Drahtgeflecht oder einen Zaun. Reichlich mit Nährstoffen und Wasser versorgen. Laufender Blütenschnitt fördert Wachstum und Blütenreichtum. Keine Samen ausbilden lassen, sonst erschöpft sich die Pflanze rasch.
Verwendung: Schön an Zäunen; Schnittblume.
Vermehrung: Aussaat ab März.
Krankheiten: Mehltau und Grauschimmel.

Einjährige Bauerngarten-Blumen

Bechermalven blühen unermüdlich am richtigen Platz.

Die duftenden Levkojen brauchen viel Sonne.

Lavatera trimestris
Bechermalve

○ ✂

Die bis zu 10 cm großen Trichterblüten der Bechermalve sind meist intensiv rosa gefärbt. Es gibt aber auch die reinweiße Sorte 'Montblanc'. Die breit wachsende Pflanze wird 50 bis 120 cm hoch. Sie blüht ausgesprochen reich und ausdauernd.
Blütezeit: Juli bis Oktober.
Heimat: Südeuropa und Syrien. In den Bauerngärten findet sich die Bechermalve erst seit den 50er Jahren unseres Jahrhunderts. Sie ist damit der jüngste Neuzugang.
Standort: Volle Sonne, durchlässige, nicht zu nährstoffreiche Böden.
Pflege: Aussaat ab April an Ort und Stelle. Hohe Sorten sind für eine Stütze dankbar. Bechermalven vertragen keine Staunässe, gegebenenfalls für eine Drainage sorgen.
Verwendung: Besonders schön im Blumenbeet und am Zaun kombiniert mit niedriger wachsenden Pflanzen; Schnittblume.
Vemehrung: Aussaat ab April.
Krankheiten: In nassen Sommern auf Malvenrost achten.

Matthiola annua und Matthiola incana
Levkoje

○ ✂

Levkojen gibt es in violett, rot, rosa, gelb und weiß. Es kommen auch gefüllte Formen vor. Die Pflanzen werden 30 bis 90 cm hoch.
Blütezeit: Mai bis August.
Heimat: Mittelmeergebiet und Asien, mindestens seit dem 17. Jahrhundert in den Bauerngärten anzutreffen.
Standort: Sonnige Lage, humose, wasserdurchlässige Böden.
Pflege: Aussaat im zeitigen Frühjahr; Regelmäßig gießen.
Verwendung: Besonders schön im Blumenbeet; Schnittblume.
Vermehrung: Aussaat ab März.
Krankheiten: Gelegentlich Pilzbefall.

Einjährige Bauerngarten-Blumen

Die Samenkapseln der Jungfer im Grünen sehen sehr hübsch in Trockengestecken aus. Man sollte die Kapseln vor der Vollreife abschneiden und dann zum Trocknen aufhängen.

Im Volksmund heißen die Tagetes »Stinkende Hoffart«.

Nigella damascena
Jungfer im Grünen

○ ✄

Die Blüten der Jungfer im Grünen können kornblumenblau, rosa oder weiß sein. Es gibt die halbgefüllte Sorte 'Miß Jekyll'. Die Pflanze wird bis zu 50 cm hoch.
Blütezeit: Juni bis September.
Heimat: Südfrankreich und Nordafrika, in mitteleuropäischen Gärten seit der Mitte des 16. Jahrhunderts in Kultur.
Standort: Sonnige Lagen und durchlässige Böden.
Pflege: Aussaat von März bis April in mehreren Sätzen (im Abstand von 2 Wochen) ins Freiland, das verlängert den Blütenflor bis in den Herbst.
Verwendung: Besonders schön im Blumenbeet; Schnittblume, Samenkapseln für Trockengestecke.
Vermehrung: Aussaat ab März.
Mein Tip: Samenkapseln für Trockengestecke vor der Vollreife abschneiden.

Tagetes patula
Tagetes

○ ✄

Aus der einfachen Wildform entstanden viele meist gefüllte, großblumige Gartensorten.
Die Blüten der Tagetes können gelb, orange, rot oder braunrot gefärbt, einfach oder gefüllt sein. Setzt man Einzelpflanzen nebeneinander, wirken Tagetes buschig, sie werden bis zu 30 cm hoch.
Blütezeit: Juni bis Oktober.
Heimat: Mexiko, seit der Mitte des 16. Jahrhunderts in Europa.
Standort: Sonnige Lage, keine besonderen Ansprüche an den Boden.
Pflege: Aussaat ab März ins Frühbeet, pikieren und nach den Eisheiligen auspflanzen. Abgeblühtes entfernen, sofern man nicht Samen ziehen will.
Verwendung: Schön im Blumenbeet, niedrige Sorten auch für Einfassungen geeignet; Schnittblume.
Vermehrung: Aussaat ab März.
Schädlinge: Schneckenmagnet, besonders in feuchten Sommern! Auch auf Blattläuse achten.
Mein Tip: Tagetes vertreiben Nematoden.

Einjährige Bauerngarten-Blumen

Die Kapuzinerkresse wirkt überaus attraktiv.

Zinnien sind sehr wärmebedürftig.

Tropaeolum majus
Kapuzinerkresse

○

Die großen gespornten Blüten können gelb, orange und scharlachrot gefärbt sein. Die heutigen Gartensorten entstanden aus Kreuzungen mehrerer Wildarten. Es gibt kriechende, rankende und nichtrankende, buschförmig wachsende Formen. Die Ranken können bis zu 3 m Länge erreichen.
Blütezeit: Juni bis Oktober.
Heimat: Peru und Kolumbien.
Standort: Sonnige Plätze, nährstoffreiche Böden.
Pflege: Aussaat Ende April bis Anfang Mai an Ort und Stelle. Nur in sehr rauhen Lagen ab März in Töpfen vorziehen und nach den Eisheiligen auspflanzen. In milden Lagen geht der Samen des Vorjahres oft von selbst auf. Kletternde Sorten benötigen Rankhilfen wie zum Beispiel Maschendraht.
Verwendung: Kletternde Sorten schön an Zäunen.
Vermehrung: Aussaat ab Ende April.
Mein Tip: Die unreifen Früchte und Blütenknospen legt man in Essig ein und ißt sie als Kapern.

Zinnia elegans
Zinnie

○ ✂

Die einfachen, halbgefüllten oder gefüllten Blüten der Zinnie können purpurrot, rot, orange, gelb oder weiß gefärbt sein. Die Pflanzen werden 20 bis 50 cm hoch.
Blütezeit: Juli bis September.
Heimat: Mexiko, um 1800 nach Europa eingeführt.
Standort: Volle Sonne und durchlässige, nährstoffreiche Böden.
Pflege: Aussaat im April ins Frühbeet, pikieren (→ Seite 28) und Ende Mai auspflanzen. Zinnien keimen erst bei einer Bodentemperatur von mindestens 15 °C. Sofern es warm genug ist, wachsen die Sämlinge aber rascher heran als andere Pflanzen. Regelmäßig gießen.
Verwendung: Schön im Blumenbeet, niedrige Sorten für Einfassungen geeignet; Schnittblume.
Vermehrung: Aussaat ab April.
Krankheiten und Schädlinge: Schneckenmagnet! Nur kräftige Pflanzen setzen und häufig kontrollieren. Auf Spinnmilben und Pilzkrankheiten achten.

Typisch für den Bauerngarten

Stockrosen, Fingerhut und andere zweijährige Arten

Die unverwechselbaren Stockrosen gehören mit zu den beliebtesten und charakteristischsten Blumen im Bauerngarten. Oft schmücken die prächtigen Pflanzen Hauswände oder Zäune. Sie sehen selbst ohne Kombination mit anderen Pflanzen sehr hübsch aus.

Die zweijährigen Blumen werden im Gegensatz zu den einjährigen erst im Juni ausgesät und entwickeln sich bis zum Herbst zu kräftigen Pflanzen.
Man kann sie entweder direkt an Ort und Stelle aussäen oder im Herbst beziehungsweise im Frühjahr an den endgültigen Standort versetzen. Mit Ausnahme der frühen Stiefmütterchen-Sorten (→ Seite 77) blühen sie erst im 2. Jahr und sterben dann meist ab.
Die Zweijährigen füllen sozusagen die Lücke zwischen den einjährigen Sommerblumen und den ausdauernden Gewächsen im Garten.

Stockrosen werden bis zu zwei Meter hoch.

Alcea rosea
Stockrose

○

Das Farbenspiel der Malvenblüten reicht von schwarzrot über karminrot und rosa bis zu gelb und weiß, auch gefüllte Sorten. Stockrosen werden bis zu 2 m hoch.
Blütezeit: Juni bis September.
Heimat: Östliches Mittelmeergebiet.
Standort: Sonnige, warme Plätze ohne Staunässe; nährstoffreicher Boden.
Pflege: Aussaat im Juni auf ein Gartenbeet, durch Pikieren erhält man kräftigere Pflanzen. Im Herbst oder Frühjahr an endgültigen Standort setzen und später anbinden. Abgeblühte Stengel regelmäßig abgeschneiden, dann blüht die Pflanze noch im folgenden Jahr.
Verwendung: Schön an Zäunen und Wänden; im Blumenbeet mit niedrig wachsenden Pflanzen kombinieren.
Vermehrung: Aussaat im Juni, auch vorsichtige Teilung der Wurzeln im Frühjahr.
Krankheiten: In nassen Sommern auf Befall mit Malvenrost achten; erkrankte Blätter vernichten.

Zweijährige Bauerngarten-Blumen

Die »Vorfahren« der Maßliebchen sind Gänseblümchen. Im Laufe der Zeit entstanden viele gefüllte Sorten.

Bellis perennis
Maßliebchen

○ ✄

Wunderschön sehen die Maßliebchen im bunten Frühlingsbeet aus.
Die Ausgangsform des Maßliebchens war das einfachblühende wildwachsende Gänseblümchen, das zu den ersten Frühjahrsblühern auf unseren Wiesen zählt. Durch Züchterfleiß entstanden zahlreiche großblütige und dicht gefüllte Sorten, die weiß, hellrosa, rot oder dunkelrot gefärbt sind. Sie heißen im Volksmund auch »Tausendschönchen« und können 15 bis 20 cm hoch werden. Die Sorte 'Pomponette' entwickelt große, dicht gefüllte Blüten, die rot, rosa und weiß gefärbt sind, 'Aetna' hat dunkelrote gefüllte Blüten. Maßliebchen blühen überaus reich und ausdauernd.
Blütezeit: April bis Juni.
Heimat: Mittelmeerraum, mindestens seit dem 14. Jahrhundert in unseren Gärten in Kultur.
Standort: Sonnige Lage und lehmig-humoser Boden.
Pflege: Aussaat im Juni oder Juli ins Freiland, Pikieren sorgt für kräftigeren Wuchs. In milden Gebieten im Herbst an Ort und Stelle pflanzen. In rauheren Gegenden im Anzuchtbeet überwintern und mit Fichtenreisern abdecken.
Maßliebchen gehören zu den wenigen Pflanzen, die ohne Probleme auch voll erblüht versetzt werden können.
Verwendung: Besonders schön sind sie für Einfassungen, im bunten Blumenbeet in Kombination mit Vergißmeinnicht, Stiefmütterchen, und neben Tulpen und Narzissen; Schnittblume.
Vermehrung: Aussaat ab Juni ins Freiland.
Krankheiten und Schädlinge: Maßliebchen sind anfällig gegen Mehltau, Grauschimmel und Blattläuse.

Die Blüten der Marienglockenblume sind beliebte »Weidegründe« für Bienen.

Campanula medium
Marienglockenblume

○ ✂

Die großen, bauchigen, nach oben geöffneten Glockenblüten der Marienglockenblume können blau, rot, rosa oder weiß gefärbt sein. Die Pflanze bildet verzweigte Büsche, die bis zu 90 cm hoch werden. Im Handel erhältlich ist auch die gefüllte Sorte 'Calycanthema'.

Blütezeit: Juni und Juli.

Heimat: Südeuropa, mindestens seit dem 16. Jahrhundert in mitteleuropäischen Gärten kultiviert.

Standort: Sonniger Platz und durchlässige, nährstoffreiche Böden.

Pflege: Aussaat im Juni im Anzuchtbeet oder an Ort und Stelle. Durch Pikieren erhält man kräftigere Jungpflanzen, die ab August versetzt werden können. Als Winterschutz Pflanze mit Fichtenreisig abdecken.

Verwendung: Die Marienglockenblume harmoniert mit allen Sommerblumen; sie eignet sich auch gut als »Lückenfüller« neben Pflanzen, die früh blühen und dann einziehen wie etwa das Tränende Herz (→ Seite 82); Schnittblume.

Vermehrung: Aussaat im Juni.

Krankheiten und Schädlinge: Auf Grauschimmel und Blattläuse achten.

Zweijährige Bauerngarten-Blumen

Schon die »alten Römer« kultivierten den Goldlack in ihren Gärten. Er verströmt einen intensiven Duft.

Cheiranthus cheirii
Goldlack

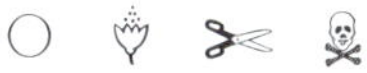

Goldlack gehörte zu den beliebtesten Zweijahresblumen in alten Bauerngärten.
Die kreuzförmigen duftenden Blüten erscheinen in der Farbpalette von gelb über orange bis braun, die Blüten stehen in üppigen Trauben zusammen. Goldlack wird bis zu 45 cm hoch. Aus der einfachen gelbblühenden Wildform entwickelten sich viele Gartensorten mit großen, oft gefüllten Blüten.
Gelegentlich kommt der Goldlack auch verwildert vor. Der Volksmund gab der schönen Pflanze auch den Namen »Goldveigele«.
Blütezeit: April bis Juni.
Heimat: Südosteuropa, wahrscheinlich brachten bereits die Römer den Goldlack nach Mitteleuropa.
Im Bauerngarten mindestens schon seit dem 16. Jahrhundert kultiviert.
Standort: Volle Sonne und kalkhaltige, nährstoffreiche Böden; verträgt keine Staunässe, gegebenenfalls für eine Drainage sorgen.
Pflege: Aussaat Ende Mai bis Juni in Anzuchtbeete, Auspflanzen im August oder Frühjahr. Während der Wintermonate mit Reisig abdecken.
Oft sät sich der Goldlack auch von selbst im Garten aus.
Verwendung: Für Duftbeete geeignet, schön auch als Einfassungspflanze; wegen seiner zeitigen Blüte ist der Goldlack auch als Zwischenpflanzung zu Tulpen und Narzissen empfehlenswert; Schnittblume.
Vermehrung: Aussaat ab Ende Mai.
Krankheiten: Auf Mehltau und Grauschimmel achten.
Achtung: Die Samen sind giftig!

Zweijährige Bauerngarten-Blumen

Der Gartenrittersporn vermehrt sich oft von selbst.

Bartnelken gehören zu den klassischen Blumen.

Delphinium ajacis
Gartenrittersporn

○ ✂

Die Blütentrauben können blau, rosa, purpurrot oder weiß gefärbt sein, es gibt auch dichtgefüllte Formen. Die Pflanze wird bis zu 1 m hoch.
Blütezeit: Juni bis August.
Heimat: Mittelmeergebiet, mindestens seit dem 16. Jahrhundert auch im Bauerngarten zu finden.
Standort: Sonniger Platz, anspruchslos in bezug auf den Boden.
Pflege: Der Gartenrittersporn ist eigentlich einjährig, man sät ihn aber meist im Oktober an Ort und Stelle aus. Die Samen keimen dann im Frühjahr und die Pflanzen blühen schon im Juni. Hohe Sorten anbinden (→ Seite 26). Bei Frühjahrsaussaat entwickeln sich erst ab Juli Blüten. Zu Boden gefallene Samen gehen im Garten oft von selbst wieder auf.
Verwendung: Schön im Blumenbeet; Schnittblume.
Vermehrung: Aussaat im Oktober.

Dianthus barbatus
Bartnelke

○ ✂

Die Blüten der Bartnelke können dunkelpurpur, rot, rosa oder weiß gefärbt, einfach oder gefüllt sein. Es gibt auch zweifarbige Sorten, deren Blüten gestreift, geflammt oder andersfarbig gerandet sind. Bartnelken werden bis zu 50 cm hoch.
Blütezeit: Juni bis August.
Heimat: Südeuropa.
Standort: Sonnige und warme Lagen; nährstoffreicher, lockerer Boden.
Pflege: Aussaat Ende Mai ins Frühbeet oder Freiland, pikieren. Im August an Ort und Stelle pflanzen. Jungpflanzen können auch in Töpfen im Frühbeetkasten überwintert und im Frühjahr ins Freiland gesetzt werden. Im Garten säen sie sich unter günstigen Bedingungen selbst aus. In rauhen Lagen im Winter mit Fichtenreisig abdecken.
Verwendung: Schön im Blumenbeet, auch als Einfassungspflanze.
Vermehrung: Aussaat Ende Mai, auch Teilung der Wurzeln im Frühjahr möglich.
Krankheiten: Anfällig für Nelkenrost.

Digitalis purpurea
Fingerhut

○ ◑ ☠

Die hängenden, unregelmäßig geformten Blütenglocken des Fingerhuts können hell- oder dunkelpurpurrot und sogar weiß gefärbt sein. Es gibt auch großblütige, auffallend gefleckte Sorten wie 'Gloxiniaeflora'. Die Blütenstengel können bis zu 1,50 m hoch werden.
Blütezeit: Juni und Juli.
Heimat: Mitteleuropa, seit dem Mittelalter im Bauerngarten kultiviert.
Standort: Sonne bis Halbschatten; bevorzugt kalkarme, sandige Böden.
Pflege: Der sehr feine Samen wird im Juni im Freiland dünn ausgesät. Durch Pikieren erhält man kräftigere Jungpflanzen. Sie können noch im Frühjahr versetzt werden. In günstigen Lagen sät sich der Fingerhut selbst aus.
Verwendung: Schön für bunte Blumenbeete, harmoniert gut mit den meisten Stauden (→ Seite 78).
Vermehrung: Aussaat im Juni.
Achtung: Der Fingerhut enthält giftige Inhaltsstoffe, die in geringen Dosen als herzwirksames Arzneimittel eingesetzt werden. Man sollte den Fingerhut besser nicht in Gärten mit Kleinkindern ziehen.
Mein Tip: Hummeln schätzen seine Blüten sehr.

Der Fingerhut ist giftig, sieht aber sehr schön aus.

Zweijährige Bauerngarten-Blumen

Vergißmeinnicht sind frostempfindlich.

Königskerzen wurden als Heilpflanzen angebaut.

Myosotis palustris

Vergißmeinnicht

○ ◑ ✂

Aus der unscheinbaren Wildform entstanden durch geschickte Züchter leuchtendblaue und tiefblaue, aber auch weiße Sorten mit großen Blüten. Die Kulturformen erreichen eine Höhe von 15 bis 20 cm. Empfehlenswerte Sorten sind: 'Amethyst' mit indigoblauen Blüten, 'Blauer Korb' mit tiefblauen Blüten, 'Victoria' mit weißen Blüten.

Blütezeit: März bis Mai.

Heimat: Europa bis Sibirien.

Standort: Sonnige bis halbschattige Plätze; humoser Boden.

Pflege: Aussaat im Juni oder Juli im Freiland. Das Saatbeet sollte möglichst nicht austrocknen. Auch voll erblühte Vergißmeinnichtstöcke können noch verpflanzt werden. Sie säen sich dazu gerne selbst aus. Als Winterschutz Pflanzen mit Reisig abdecken.

Verwendung: Schön neben Maßliebchen, Stiefmütterchen, Narzissen und Tulpen; Schnittblume.

Vermehrung: Aussaat ab Juni.

Verbascum densiflorum

Königskerze

○

Die gelben Blütenkerzen können bis zu 2 m hoch werden. Heute sind zahlreiche Arten in Kultur, zum Beispiel *Verbascum thapsus,* die hellgelbe, großblütige *Verbascum bombyciferum* 'Polarsommer', und die violettblühende *Verbascum phoeniceum.*

Blütezeit: Juni bis September.

Heimat: Europa.

Standort: Sonnige Lage; trockene, durchlässige, magere Böden.

Pflege: Aussaat April und Mai an Ort und Stelle, die Sämlinge können problemlos versetzt werden. Im ersten Jahr bildet sich nur eine Blattrosette aus graufilzigen Blättern, im zweiten die Blütenkerze. Schneidet man die verblühte Kerze rechtzeitig ab, kann die Pflanze im Frühjahr noch einmal treiben.

Verwendung: Schön am Beetrand oder Zaun.

Vermehrung: Aussaat ab April.

Mein Tip: Blüten und Blätter trocknen und für Hustentee verwenden.

Garten-Stiefmütterchen sind mit den Veilchen verwandt und in fast jedem Bauerngarten zu finden.

Viola x wittrockiana

Gartenstiefmütterchen

○ ◐

Stiefmütterchen gehören zu den beliebtesten Blumen im Bauerngarten. Durch Züchterfleiß entstanden viele Formen und Rassen dieser beliebten, mit dem Veilchen verwandten Pflanze. Sie heißen im Volksmund auch Tag- und Nachtveigele oder Tag- und Nachtschatten.
Die Blüten sind ein- oder mehrfarbig, gelb, orange, rot, lila, blau oder weiß. Die Pflanzen werden 10 bis 30 cm hoch.
Blütezeit: März bis Juni, zum Teil Vorblüte im Herbst.
Heimat: Mittelmeergebiet und Kleinasien, das kleinblütige Ackerstiefmütterchen *(Viola tricolor)* ist auch bei uns heimisch. Das Gartenstiefmütterchen ist durch Kreuzung aus mehreren Arten hervorgegangen. Es ist bereits in mittelalterlichen Gärten zu finden, großblütige Formen entstanden aber erst im letzten Jahrhundert.
Standort: Sonne bis Halbschatten.
Pflege: Aussaat im Juni oder Juli im Freiland. Wie beim Vergißmeinnicht soll das Saatbeet nicht austrocknen. Verpflanzen im Herbst und Frühjahr möglich. Einige Sorten beginnen im Herbst bereits zu blühen, der Hauptflor kommt aber erst im Frühjahr. In rauhen Lagen Reisigabdeckung als Winterschutz.
Verwendung: Zum Lückenfüllen im Blumenbeet beispielsweise zu Narzissen und Tulpen geeignet. Schön auch als Einfassungspflanze und in Kombination mit Maßliebchen und Vergißmeinnicht.
Vermehrung: Aussaat ab Juni.
Schädlinge: Gartenstiefmütterchen sind ein beliebtes »Schneckenfutter« und werden gern von Blattläusen befallen.
Mein Tip: Für rauhe Lagen besonders winterharte Sorten auswählen.

Jedes Jahr die gleiche Pracht

Die beliebtesten Stauden

Ausdauernde Bauerngarten-Blumen sind winterhart und blühen jedes Jahr von neuem. Zu diesen Arten gehören beispielsweise der prächtige Gartenmohn mit seiner leuchtend roten Blütenfülle und der kräftig blau blühende Rittersporn.

Die ausdauernden Gewächse sind mit einem kräftigen Wurzelsystem ausgestattet. Ihre oberirdischen Teile sterben meist nach den ersten Frösten ab, aber im Frühjahr treiben sie wieder kräftig aus. Man nennt diese Arten auch Staudenpflanzen oder mehrjährige (perennierende) Pflanzen.
Viele Arten blühen üppiger, wenn sie alle 3 bis 5 Jahre geteilt und verpflanzt werden (→ Praxis-Seite 29). Schlecht teilen lassen sich jedoch Akelei, Tränendes Herz und Mohn, andere Arten wie Christ- und Pfingstrosen mögen es wiederum nicht, wenn man sie verpflanzt.
Alle Stauden sollte man regelmäßig düngen, denn sie haben einen hohen Nährstoffverbrauch (→ Seite 22).
Vermehren lassen sich die ausdauernden Pflanzen zum Teil durch die Aussaat ihrer Samen oder durch das Teilen ihrer Wurzeln. Häufig ist ihre erfolgreiche Vermehrung auch über beide Wege möglich.

Das Steinkraut ist eine sehr anspruchslose Pflanze.

Alyssum saxatile
Steinkraut

○

Die schwach duftenden, kreuzförmigen Blüten stehen in traubigen Blütenständen zusammen und sind zitronen- bis goldgelb gefärbt. Schöne hellgelbe Blüten besitzt die Sorte 'Citrinum', es gibt auch gefüllte Formen wie die goldgelbe 'Plenum'. Die Blütenkissen werden bis zu 30 cm hoch.
Blütezeit: April und Mai.
Heimat: Europa und Kleinasien, mindestens seit dem 19. Jahrhundert auch im Bauerngarten.
Standort: Vollsonniger Platz. Das Steinkraut ist auch mit mageren Böden zufrieden, gedeiht selbst noch in Mauerritzen.
Pflege: Aussaat April bis Mai in Kistchen im Haus oder im Frühbeet, pikieren und im Herbst an Ort und Stelle pflanzen. Auch Aussaat ab Mitte Mai ins Freiland möglich.
Verwendung: Schön für Einfassungen und an Mauern.
Vermehrung: Aussaat ab April im Frühbeet, ab Mitte Mai im Freiland.

Ausdauernde Bauerngarten-Blumen

Die Akelei gehört zu den einheimischen Pflanzen.

Bis in den späten Herbst hinein blühen die Herbstastern und lassen den Garten in bunten Farben leuchten. Ihre Blüten bieten vielen Insekten Nahrung. Herbstastern mit ihren kräftigen Farben sehen auch in der Blumenvase wunderschön aus.

Aquilegia vulgaris
Akelei

Die bizarren Blüten mit den gekrümmten Spornen sind dunkelblau bis lila gefärbt. (Es gibt auch rosarote, mehrfarbige und gefüllte Hybriden, in die amerikanische Arten eingekreuzt wurden.) Die Blütenstengel können bis zu 80 cm hoch werden.
Blütezeit: Mai bis Juni.
Heimat: Europa und Kaukasus. Die Akelei ist eine bei uns heimische Waldpflanze, sie wird aber mindestens seit dem 15. Jahrhundert im Garten gezogen.
Standort: Bevorzugt Halbschatten und nährstoffreiche, kalkhaltige Böden.
Pflege: Aussaat Mai bis Juni in Kistchen, die man im Garten oder auf der Terrasse an einem halbschattigen, vor Schnecken geschützten Platz aufstellt; im Herbst verpflanzen. Akeleien säen sich auch gerne selbst aus.
Verwendung: Schön im Blumenbeet; Schnittblume.
Vermehrung: Aussaat ab Mai in Kistchen.
Achtung: Alle Teile an dieser Pflanze sind giftig!

Aster novi-belgii
Herbstaster, Glattblattaster

Die Pflanze prunkt in vielen intensiven Farben: Lila, blau, rot, rosa und weiß. *Aster novi-belgii* erreicht eine Höhe von 1,50 m. *Aster novae-angliae,* die Rauhblattaster, wird noch etwas höher, sie besitzt pelziges Laub. Dagegen erreicht die Kissenaster *(Aster dumosus)* nur 20 bis 40 cm Höhe. Die zarten Blüten der Myrtenaster *(Aster ericoides)* gibt es in weiß, rosa und lila. Sie wird bis 1,40 m hoch.
Blütezeit: September und Oktober.
Heimat: Feuchte Küstengebiete im östlichen Nordamerika, seit dem 17. Jahrhundert in Europa.
Standort: Sonne bis Halbschatten; feuchte und nährstoffreiche Böden.
Pflege: Pflanzung im Frühjahr, hohe Arten im Sommer anbinden. Pflanzen können Ausläufer bilden und dadurch Nachbarpflanzen bedrängen.
Verwendung: Schön im Blumenbeet und am Zaun; Schnittblume.
Vermehrung: Teilung im Frühjahr.

Ausdauernde Bauerngarten-Blumen

Die weißen Margeriten harmonieren mit jeder Blumenart.

Die Blüten des Mutterkrauts sehen Kamillenblüten ähnlich.

Chrysanthemum leucanthemum

Margerite

○ ✂

Besonders reichblühend ist die Sorte 'Rheinblick', deren einfache Blüten auf bis zu 60 cm hohen Stengeln sitzen.
Größere gefüllte Blüten besitzen die *Chrysanthemum-Maximum*-Hybriden, sie werden 80 cm hoch.
Blütezeit: Mai bis Juni, Chrysanthemum-Maximum-Hybriden Juni bis September.
Heimat: Europa, *Chrysanthemum maximum* stammt aus den Pyrenäen.
Standort: Sonnige, halbtrockene Plätze, verträgt keine Staunässe.
Pflege: Aussaat Juni/Juli in Töpfe oder Saatbeet, pikieren und im Herbst an Ort und Stelle verpflanzen. Die Margeriten blühen besonders reich, wenn sie alle 2 bis 3 Jahre nach der Blüte geteilt und verpflanzt werden.
Verwendung: Im Blumenbeet; Schnittblume.
Vermehrung: Teilung der Wurzeln im Oktober und Aussaat ab Juni/Juli.
Schädlinge: Auf Blattläuse achten.

Chrysanthemum parthenium

Mutterkraut

○ ✂

Die streng riechenden, weißen Blüten mit gelbem Zentrum ähneln sehr der Kamille, angeboten werden inzwischen auch halbgefüllte und gefüllte Sorten. Sie können bis zu 80 cm hoch werden; es gibt aber heute niedrige, für Einfassungen geeignete Formen.
Blütezeit: Juni bis September.
Heimat: Kaukasus, bereits im Mittelalter bei uns als Heilpflanze angebaut.
Standort: Sonnige Lage und etwas kalkhaltige, nährstoffreiche Böden.
Pflege: Einfache Formen säen sich selbst aus. Aussaat in milden Lagen ab April an Ort und Stelle, in rauheren Gebieten ins Frühbeet und später pikieren.
Verwendung: Schöne Einfassungspflanze; Heilpflanze; Schnittblume.
Vermehrung: Gefüllte Formen lassen sich meist nicht mehr durch Samen vermehren, deshalb nach der Blüte im Oktober Wurzeln teilen.
Mein Tip: Das Mutterkraut enthält fiebersenkende Stoffe.

Delphinium elatum
Rittersporn

○ ✂

Die kerzenförmigen Blütenrispen des Rittersporns leuchten in allen Blautönen. Es gibt auch weiße und rosafarbene Sorten, die aber krankheitsanfälliger sind. Der Rittersporn wird bis zu 1,80 m hoch. Ausgehend von *Delphinium elatum* sind robuste Rittersporne gezüchtet worden, die als *Delphinium x cultorum* geführt werden. Weiter gibt es die ebenso hohen Pacific-Hybriden, die aus Samen gezogen werden, sowie die Gruppe der *Delphinium Belladonna*-Hybriden. Sie werden bis 1,20 m hoch.

Blütezeit: Juni und Juli, Nachblüte im September.
Heimat: Nördliche Halbkugel, die Pacific-Gruppe stammt aus Kalifornien.
Standort: Sonnige Lagen; nährstoffreiche Böden.
Pflege: Pflanzung oder Aussaat ab April. Abgeblühte Triebe auf 10 cm über dem Boden zurückschneiden. Die Pflanze blüht dann meist im September noch einmal.
Verwendung: Schön an Zäunen, Mauern, Wänden; Schnittblume.
Vermehrung: Teilung, Aussaat und Stecklinge im Frühjahr.
Krankheiten und Schädlinge: Auf Mehltau und Schnecken achten.

Der Rittersporn kommt an Zäunen, Wänden und Mauern besonders gut zur Geltung.

Ausdauernde Bauerngarten-Blumen

Das Tränende Herz stammt aus China.

Christrosen sind die einzigen Blumen, die im Winter im Garten blühen. Aus ihren schwarzen Wurzeln wurde früher Niespulver hergestellt, daher bakam die Pflanze im Volksmund den Namen »Nieswurz«.

Dicentra spectabilis
Tränendes Herz

◑

Die herzförmigen hängenden Blüten sind rosa gefärbt mit weißen »Tränen«. Die Pflanze wird bis zu 80 cm hoch. Es gibt auch die reinweiße Sorte 'Alba'.
Blütezeit: April bis Juni.
Heimat: China, erst im 19. Jahrhundert nach Europa eingeführt.
Standort: Bevorzugt halbschattige, windgeschützte Lagen und humose Böden.
Pflege: Jungpflanzen nicht zu tief pflanzen (nur wenige Zentimeter mit Erde bedecken) und möglichst nicht mehr versetzen. Die Pflanze zieht nach der Blüte ein, Kahlstellen mit einjährigen Arten bepflanzen (→ Seite 62). Bei sonnigen Standorten ausreichend gießen. Im Frühjahr junge Triebe vor Spätfrösten schützen, zum Beispiel mit umgestülptem Eimer abdecken.
Verwendung: Schön im Blumenbeet, an Mauern und Zäunen.
Vermehrung: Teilung der Wurzeln im September. Der brüchige Wurzelstock läßt sich jedoch nur schwer teilen.

Helleborus niger
Christrose

◑ ✂ ☠

Die schalenförmigen Blüten sind meist weiß, es gibt auch rötliche, grünliche und gelbe Arten. Die Pflanze wird etwa 20 cm hoch.
Blütezeit: Dezember bis Februar.
Heimat: Nordöstliche und südliche Kalkalpen. Schon im Mittelalter als Heilpflanze im Garten gezogen.
Standort: Halbschattige Lage; kalkhaltige Böden.
Pflege: Pflanzung im Frühherbst, verträgt häufiges Umsetzen schlecht. An guten Standorten vermehrt sie sich selbst durch Samen. Aussaat Januar/Februar in Kistchen an einen geschützten Platz im Garten stellen, im Juli verpflanzen. Ältere Pflanzen können vorsichtig geteilt werden. Braucht im Winter ausreichend Feuchtigkeit, liebt aber Sommertrockenheit.
Verwendung: Schnittblume.
Vermehrung: Aussaat ab Januar und Teilung der Wurzeln im Frühjahr.
Achtung: Pflanze ist giftig!

Ihrer Blattform verdankt die Schwertlilie ihren Namen.

Der Lavendel wird den Halbsträuchern zugeordnet.

Iris barbata
Schwertlilie

Die Blüten setzen sich zusammen aus 3 nach oben stehenden »Domblättern« und 3 Hängeblättern. Die robuste *Iris barbata* hat dunkelviolette Blüten. Von ihr ausgehend wurden zahlreiche Hybriden und Sorten gezüchtet, die es in einer fast unüberschaubaren Farben- und Blütenvielfalt gibt. Die wichtigste Gruppe sind die Bartiris *(Iris x barbata)*, die 50 bis 80 cm hoch werden.
Blütezeit: Mai bis Juni.
Heimat: Vermutlich Mittelmeergebiet. Iris werden schon seit dem 10. Jahrhundert im Garten als Heilpflanzen kultiviert.
Standort: Sonnige Lage, warme, trockene, kalkhaltige Böden.
Pflege: Pflanzung im Frühjahr oder Herbst nicht zu tief, die Rhizome sollen waagrecht in der Erde liegen und noch etwas sichtbar sein. Mist- und Stickstoffdüngung vermeiden.
Verwendung: Schön im Blumenbeet; Heilpflanze; Schnittblume.
Vermehrung: Teilung der Wurzeln im Herbst.

Lavandula angustifolia
Lavendel

Die aromatisch duftenden blauvioletten Blütenstände ziehen besonders Hummeln und Schmetterlinge an. Es gibt auch die rosa Sorte 'Hidcote Pink'. Der Lavendel gehört eigentlich zu den Halbsträuchern, er wird bis zu 60 cm hoch.
Blütezeit: Juli bis August.
Heimat: Westliches Mittelmeergebiet, seit dem Mittelalter als Heilpflanze angebaut, zum Beispiel für Schlafteemischungen.
Standort: Sonniger, warmer Platz und durchlässige, kalkhaltige Böden.
Pflege: Pflanzung im Frühjahr oder Herbst. In milden Lagen sät sich der Lavendel selbst aus, in rauhen Lagen Winterschutz nötig (Fichtenreisig). Ältere Stöcke zurückschneiden, damit sie nicht verkahlen.
Verwendung: Schöne Einfassungspflanze; Schnittblume.
Vermehrung: Sommerstecklinge oder Aussaat ab März.

Die Blütenkerzen der Lupinen wirken sehr ansprechend und dekorativ.

Lupinus polyphyllus
Lupine

○

Aus der blaublühenden Stammart wurden zahlreiche Hybriden gezüchtet, deren aufrechte Blütentrauben in rot, rosa, gelb oder weiß leuchten. Es gibt auch zweifarbige Formen. Sie werden bis zu 90 cm hoch.
Blütezeit: Juni bis August.
Heimat: Die meisten Arten stammen aus dem westlichen Nordamerika, die Gartenformen entstanden durch Kreuzung mehrerer Arten. Seit dem 18. Jahrhundert bei uns in Kultur.
Standort: Volle Sonne und durchlässige Böden.
Pflege: Aussaat von April bis Juli an Ort und Stelle oder einzeln in Töpfe und im Frühherbst vorsichtig auspflanzen. Die Wurzelknöllchen reagieren recht empfindlich auf Verpflanzen. Verblühtes sofort abschneiden, so kann es noch zu einer Nachblüte kommen.
Verwendung: Schön im Blumenbeet, hohe Sorten auch dekorativ am Zaun.
Vermehrung: Aussaat ab April.
Krankheiten und Schädlinge: Auf Mehltau, Raupen und Blattläuse achten.

Pechnelken findet man häufig in alten Bauerngärten, ihre Samen jedoch werden selten im Handel angeboten.

Lychnis viscaria

Pechnelke

○ ✂

Die Pechnelke hat ihren Namen von den klebrigen Stengeln bekommen. Die rosarote, einfachblühende Wildform der Pechnelke ist kaum noch im Handel erhältlich. Ihre Blüten sind 18–20 mm groß. Die empfehlenswerte karminrote Sorte *Lychnis viscaria* 'Plena' hat gefüllte Blüten.

Diese Züchtung wird bis zu 30 cm hoch. Es gibt aber auch die rosarote Zwerg-Pechnelke 'Kugelblitz', die nur 10 cm Höhe erreicht. Pechnelken wachsen recht buschig.

Sehr bekannt ist auch Lychnis chalcedonica (Brennende Liebe).

Die Pflanze hat leuchtend scharlachrote Blütenstände und wird bis zu 1 Meter hoch. Sie braucht einen sonnigen Standort und nährstoffreiche Böden. Lychnis chalcedonica gut düngen und ausreichend wässern. Nach der Blüte (Juni bis Juli) vollständig zurückschneiden, dann blüht sie noch ein zweites Mal.

Blütezeit: Mai bis Juni.

Heimat: Jugoslawien, Griechenland und Rumänien.

Standort: Sonnige Lagen und kalkarme Böden. Die Pechnelke verträgt keine Staunässe, deshalb gegebenenfalls für eine Drainage sorgen

Pflege: Aussaat im Mai ins Freiland (Samen sind aber nur selten im Handel zu finden) oder im Frühjahr und Herbst pflanzen. Alte Pflanzen können geteilt werden. Die einfach blühende Wildform der Pechnelke setzt reichlich Samen an, der gesammelt werden kann und trocken aufbewahrt werden muß (→ Seite 26). Bei anhaltender Trockenheit Blumen regelmäßig gießen. Verblühtes entfernen.

Verwendung: Beliebte Einfassungspflanze, aber auch schön im Blumenbeet; Schnittblume.

Vermehrung: Teilung der Wurzeln im Herbst oder Aussaat im Mai.

Ausdauernde Bauerngarten-Blumen

Die grauen Blätter der Katzenminze duften nach Minze.

Herrlich anzuschauen – die prächtige Blüte der Pfingstrose. Vor allem die dicht gefüllten Sorten sind typisch für den Bauerngarten. Im Blumenbeet sollten Pfingstrosen eine ausreichend große Fläche erhalten, damit sie sich ungehindert entfalten können.

Nepeta x faasenii
Katzenminze

○

Die Katzenminze wird bis zu 30 cm hoch, die Sorte 'Blauknirps' aber nur 20 cm.
Blütezeit: Mai bis September.
Heimat: Europa und Asien.
Standort: Vollsonnige Lagen; alle Böden.
Pflege: Pflanzung im Frühjahr oder Herbst. Verblühtes regelmäßig abschneiden, dann Nachblüte im September.
Verwendung: Harmoniert gut mit Rosen; beliebte Einfassungspflanze.
Vermehrung: Teilung im Herbst und Stecklinge.

Paeonia officinalis
Pfingstrose

○ ✂ ☠

Die breitausladenden, sehr langlebigen Pflanzen werden bis zu 60 cm hoch. Die Blüten gibt es in den Farben von weiß über rosa bis dunkelrot. Typisch für den Bauerngarten sind die dicht gefüllten Sorten, häufig findet man aber auch noch die etwas robusteren einfachblühenden. Gefüllte Sorten: 'Alba Plena' weiß, 'Rosea Plena' rosa und 'Rubra Plena' rot.
Blütezeit: Mai und Juni.
Heimat: Bergwälder der Südalpen. Schon seit dem 15. Jahrhundert in den Gärten angebaut.
Standort: Volle Sonne; nährstoffreiche, durchlässige Böden.
Pflege: Pfingstrosen brauchen genügend Platz, um sich entfalten zu können. Sie gedeihen am besten, wenn man sie ungestört wachsen läßt und möglichst nicht mehr versetzt. Pflanzung im Spätsommer, die verdickten Wurzeln sollen höchstens 3 cm mit Erde bedeckt werden, da zu tief gesetzte Pflanzen kümmern. Rechtzeitig vor der Blüte die Pflanzen anbinden, sonst neigen sich die schweren Blüten bei Regen zur Erde (→ Anbinden, Seite 26); Abgeblühtes entfernen.
Verwendung: Schön im Blumenbeet; Schnittblume.
Vermehrung: Im Herbst vorsichtig die fleischigen Wurzeln teilen.
Krankheiten: Auf Grauschimmel achten.
Achtung: Die Samen sind giftig.

Einen Hauch von Sommer verspürt man beim Anblick des wogenden leuchtend roten Gartenmohns.

Papaver orientale
Gartenmohn

○ ☠

Die großen Blüten des Gartenmohns gibt es in weiß, rosa, lachs oder rot, oft mehrfarbig und zum Teil auch mit gefransten oder gewellten Blütenblättern. Die Blütenstengel werden bis zu 80 cm hoch. Nach dem Blühen bilden sich auffallend große Samenkapseln. Im Handel wird eine breite Sortenpalette angeboten; hier eine kleine Auswahl: 'Türkenlouis' feuerrot, 'Perrys White' weiß mit schwarzem Grund, 'Juliane' weiß mit rosa Rand, 'Catharina' lachsrosa mit schwarzem Fleck.

Blütezeit: Mai und Juni.

Heimat: Iran, Armenien und der Kaukasus.

Standort: Vollsonnige Plätze, nährstoffreiche und durchlässige Böden. Mohn braucht eine ziemlich große Fläche, damit er sich genügend entfalten kann. Die Pflanze ist empfindlich gegen Staunässe.

Pflege: Pflanzung in Gruppen im Frühjahr oder Herbst. Regelmäßig düngen. Nach der Blüte Blütenstengel bis zum Boden zurückschneiden. Der Mohn zieht nach der Blüte ein, bildet aber im Herbst neue Blattbüschel.

Verwendung: Schön an Zäunen und im Blumenbeet. Da die leuchtkräftigen Blüten fast alle anderen Stauden übertreffen, am besten mit blau- und weißblütigen Pflanzen kombinieren.

Vermehrung: Teilung nach der Blüte oder im Frühjahr.

Krankheiten und Schädlinge: Auf Mehltau und Blattläuse achten. Die Wurzeln werden gerne von Wühlmäusen gefressen, daher rechtzeitig Fallen aufstellen.

Mein Tip: Pflanze regelmäßig alle 2 bis 3 Jahre teilen, sonst breitet sich der Mohn zu sehr aus.

Achtung: Ganze Pflanze schwach giftig!

Ausdauernde Bauerngarten-Blumen

Der duftende Phlox blüht den ganzen Sommer über in reicher Fülle. Im Volksmund heißt er auch »Flammenblume«.

Phlox paniculata
Phlox

Die duftenden Doldentrauben des Phlox gibt es in vielen Farben, von lila über violett zu rot, rosa und weiß, oft auch zweifarbig. Wegen seiner leuchtenden Farben heißt er im Volksmund auch »Flammenblume«. Die Blütenstengel können bis zu 1 m hoch werden. Es gibt viele altbewährte, aber namenlose Lokalsorten in den Bauerngärten. Darüberhinaus führen gute Gärtnereien zahlreiche Sorten. Empfehlenswert sind: 'Wilhelm Kesselring' rotviolett mit weißem Auge, 'Violetta Gloriosa' hellviolett, 'Kirchenfürst' dunkelkarmin, 'Württembergia' karminrosa mit hellem Auge, 'Dorffreude' rosarot mit dunkelrotem Auge, 'Landhochzeit' hellrosa mit rotem Auge, 'Pastorale' lachsrosa, 'Hochgesang' weiß, 'Kirmesländler' weiß mit rotem Auge.
Blütezeit: Juni bis August.
Heimat: Niederschlagsreiche Waldgebiete Nordamerikas entlang Flüssen und an Berghängen, seit der Mitte des 18. Jahrhunderts im Bauerngarten.
Standort: Volle Sonne, aber nicht zu trockene Lagen; lehmig-humose, nährstoffreiche Böden.
Pflege: Pflanzung im Frühjahr oder Herbst, nicht zu tief setzen (Wurzeln nur wenige Zentimeter mit Erde bedecken). Alte Stöcke im Frühjahr teilen, sie blühen dann auch wieder üppiger. Phlox ist ein Starkzehrer, besonders im Frühsommer ausreichend wässern und düngen. Die verblühten Blütendolden regelmäßig abschneiden.
Verwendung: Schön im Blumenbeet, Schnittblume.
Vermehrung: Teilung der Wurzelstöcke im Frühjahr.
Mein Tip: Besonders Nachtschmetterlinge besuchen gern die duftenden Blüten.

Ausdauernde Bauerngarten-Blumen

Die Aurikel wird seit fast 400 Jahren kultiviert.

Die Gartenaurikel ist eine Kreuzung zwischen Aurikel und Primel. Sie ist seit 1582 in den Bauerngärten zu Hause und wird auch heute noch sehr gern gepflanzt. Da die Gartenaurikel nur eine Höhe von 20 cm erreicht, wird sie häufig als Einfassungspflanze für Beete verwendet.

Primula auricula

Aurikel

○ ◑

Die duftenden goldgelben Blüten der echten Aurikel sind bis heute sehr beliebt im Bauerngarten.
Die grünen Blätter besitzen von Natur aus einen mehligen Belag, der nichts mit Mehltau zu tun hat. Die Pflanze wird 10 cm hoch.
Blütezeit: April bis Juni.
Heimat: Alpen und Karpaten, bereits im 16. Jahrhundert in Bergbauerngärten zu finden. Die Blüten werden für Tee getrocknet.
Standort: Sonnige Lage; kalkhaltige, humose und steinige Böden.
Pflege: Aussaat Februar bis April, pikieren und im Herbst an Ort und Stelle pflanzen.
Verwendung: Schöne Einfassungspflanze; Heilpflanze.
Vermehrung: Aussaat ab April oder Teilung im September.
Mein Tip: Aus dem Wurzelstock der Aurikel wurde ein Mittel gegen Bronchitis, aus ihren getrockneten Blüten wird ein harntreibender Tee hergestellt.

Primula x pubescens

Gartenaurikel

○ ◑ ✂

Diese Blumen sind natürlich entstandene Bastarde aus der gelben echten Aurikel *(Primula auricula)* und der roten behaarten Primel *(Primula hirsuta)*. Es gibt inzwischen viele Formen, die durch Züchtung entstanden sind. Die Blütenfarben reichen von schwärzlich über braun, violett, rot, rosa bis gelb und weiß. Gartenaurikel wachsen niedrig, sie werden nur bis zu 20 cm hoch.
Bütezeit: Mai bis Juni.
Heimat: West-, Süd- und Mitteleuropa, seit 1582 in Gärten zu finden.
Standort: Sonne bis Halbschatten; lehmig-humose Böden bevorzugt, gedeiht aber in jedem Boden.
Pflege: Aussaat April/Mai oder Juli/August in Kistchen an einen halbschattigen geschützten Platz im Garten stellen, pikieren und im Herbst auspflanzen.
Verwendung: Beliebte Einfassungspflanze; Schnittblume.
Vermehrung: Aussaat ab April oder Teilung alter Pflanzen im Herbst.

Die Blätter des Heiligenkrauts bleiben im Winter grün.

Mauerpfeffer wächst selbst in Mauerritzen.

Santolina chamaecyparissus

Heiligenkraut, Zypressenkraut

○

Das Heiligenkraut ist ein immergrüner Halbstrauch, der bei uns in geschützten Lagen winterhart ist. Die feingefiederten Blätter haben eine silbergraue Farbe und duften aromatisch. Sie bilden 20–30 cm hohe, rundliche Büsche. Die gelben Blüten sitzen auf langen Stielen.
Blütezeit: Juli bis August.
Heimat: Westliches Mittelmeergebiet.
Standort: Sonnige, geschützte Lagen; keine besonderen Bodenansprüche.
Pflege: Heiligenkraut im Frühjahr oder Herbst pflanzen. Im Winter die Büsche mit Fichtenreisig abdecken. Das Heiligenkraut verträgt auch einen Formschnitt, den man am besten im Februar oder März vornimmt.
Verwendung: Schön im Blumenbeet und als Einfassungspflanze; besonders apart neben rotblühenden Gewächsen.
Vermehrung: Stecklinge von Mai bis Juli schneiden.

Sedum acre

Mauerpfeffer

○

Die sternförmigen, leuchtend gelben Blätter des Mauerpfeffers bilden Kissen und sind schon von weitem zu sehen. Die kriechende Pflanze wird 5 cm hoch.
Blütezeit: Juni bis Juli.
Heimat: Nordafrika und Nordasien.
Standort: Sonnige Lage, sonst absolut anspruchslos.
Der Mauerpfeffer wächst auch an völlig trockenen Standorten und fast ohne Erde.
Pflege: Aussaat im Mai entweder ins Frühbeet oder in Kistchen, im Juli an Ort und Stelle pflanzen. Auch Teilung im Frühjahr möglich. Er sät sich gern selbst aus und kann deswegen lästig werden.
Verwendung: Beliebte Einfassungspflanze.
Vermehrung: Aussaat ab Mai oder Teilung der Wurzeln im Frühjahr.

Ausdauernde Bauerngarten-Blumen

Der Hauswurz galt als Heilmittel für Brandwunden.

Veilchen haben unter Sträuchern einen idealen Platz.

Sempervivum tectorum
Hauswurz

○

Durch Züchtung entstanden zahlreiche Gartenhybriden mit sehr unterschiedlich gefärbten und geformten Blattrosetten und roten, gelben oder weißen Sternblüten. Die Blütenstengel werden bis zu 20 cm hoch.
Blütezeit: Juni bis August.
Heimat: Alpengebiet von den Pyrenäen bis zum Balkan. Die Hauswurz wird bereits in der Landgüterordnung Karls des Großen aufgeführt. Sie wurde als vielseitige Heilpflanze verwendet, zum Beispiel gegen Brandwunden.
Standort: Sonnige Plätze, sonst völlig anspruchslos.
Pflege: Aussaat im Februar/März in Kistchen, pikieren und im Juli an Ort und Stelle setzen. Blütentrieb stirbt nach der Samenreife ab, bildet zuvor aber noch Tochterrosetten, die der Vermehrung dienen. Hunger- und Durstkünstler!
Verwendung: Schöne Einfassungspflanze.
Vermehrung: Aussaat ab Februar und Teilung im Frühjahr oder Herbst.

Viola odorata
Wohlriechendes Veilchen

○ ◑ ♧ ✂

Die blauvioletten Blüten des Veilchens verströmen einen betörenden Duft, der gern auch für Parfüm verwendet wird. Aus der Wildform ging die Kulturform 'Königin Charlotte' hervor.
Blütezeit: März und April.
Standort: Halbschatten und warme Lagen, gedeiht in jedem normalen Gartenboden.
Pflege: Aussaat Januar/Februar in Kistchen, die in einem kühlen Raum aufgestellt werden. Es wird empfohlen, den Samen vor der Aussaat bei 15 °C eine Woche vorquellen zu lassen und den gequollenen Samen noch eine Woche in den Kühlschrank zu legen. Er keimt dann sicherer. Auspflanzen im Juli/August, erste Blüte im zweiten Jahr. An guten Standorten vermehrt es sich selbst durch Aussaat und Ausläufer.
Verwendung: Schön unter Sträuchern; Schnittblume.
Vermehrung: Aussaat ab Januar oder Ausläufer im Mai abtrennen.

Sie dürfen nicht fehlen

Duftende Rosen und blühende Gehölze

Zu einem richtigen Bauerngarten gehören auch Gehölze wie Johannisbeeren oder Holunder, Buchs, um die Beete einzufassen, und natürlich Rosen.

Nutzgehölze wie Stachelbeeren, Johannisbeeren oder Holunder bekamen meist am Zaun des Bauerngartens ein Plätzchen. Oft mischte man beim Anpflanzen diese Sträucher mit reinen Ziergehölzen wie etwa Flieder, Schneeball und Hortensien. Klettergehölze wie zum Beispiel Geißblatt und Knöterich umrankten Eingangsbögen, Lauben und das Haus.
Die Rosen werden bereits in der karolingischen Landgüterordnung aufgeführt (→ Seite 14). Selbst heute noch sind vorwiegend alte Rosensorten im Bauerngarten zu finden.
Gehölze pflanzt man im Herbst oder Frühjahr. Sie sind mit Ausnahme der Rose alle pflegeleicht. Nur die Rosen brauchen einen Frostschutz. So wird im November am Wurzelhals der Rose etwa 20 cm hoch Erde angehäufelt und die Triebe bekommen einen »Mantel« aus Fichtenreisig. Auspacken kann man die Rosen, wenn im Frühjahr keine Fröste mehr zu erwarten sind. Im Gegensatz zu den Edelrosen brauchen die Strauch- und Kletterrosen des Bauerngartens keinen regelmäßigen Schnitt.
Bei allen Gehölzen im Frühjahr abgestorbenes Holz entfernen und gegebenenfalls Nutz- und Ziersträucher etwas in Form schneiden.

Schon Griechen und Römer kultivierten die Weiße Rose.

Rosa x alba
Weiße Rose

Die großen Blüten können bis zu 8 cm Durchmesser erreichen, sie sind weiß bis zartrosa gefärbt. Seit 1473 ist eine halbgefüllte, duftende Form *Rosa x alba* 'Semiplena' bekannt. Die locker gefüllte *Rosa x alba* 'Maxima' wird bereits seit 1450 kultiviert. Während die einfache und die gefüllte Form bis 2 m hoch wird, wächst die halbgefüllte noch 1 m höher.
Blütezeit: Einmalblühend im Juni.

Heimat: Wahrscheinlich Südeuropa, Kleinasien.
Standort: Sonniger Platz; gut gelockerter, humoser Boden.
Pflege: Im Frühjahr mit organischem Volldünger düngen; nur bei großer Trockenheit gießen. *Rosa x alba* 'Semiplena' ist winterhart, nur in kalten Lagen Wurzeln und Triebe mit Fichtenreisig abdecken.
Verwendung: Besonders schön neben blauen Blüten; Schnittblume.
Krankheiten und Schädlinge: Auf Blattläuse und Mehltau achten.

Die Heckenrose ist in ganz Europa heimisch. Ihre Triebe wachsen zunächst aufrecht und hängen dann bogig über. Im Herbst bildet die Heckenrose längliche, scharlachrote Hagebutten aus, die sich zu einer vitaminreichen Marmelade verarbeiten lassen.

Zentifolien sind typisch für den Bauerngarten.

Rosa canina

Heckenrose, Hundsrose

Von der Heckenrose gibt es etwa 60 Spielarten. Die Triebe werden 2 bis 3 m lang.

Blütezeit: Einmalblühend im Juni.

Heimat: Europa.

Standort: Sonniger Platz, alle Böden.

Pflege: Für Heckenanlagen im Abstand von 1 bis 1,5 m pflanzen; Rückschnitt möglich; kein Frostschutz nötig.

Verwendung: Schön am Zaun oder Gartenrand.

Vermehrung: Bewurzelte Seitentriebe abtrennen und verpflanzen.

Schädlinge: Auf Blattläuse achten.

Rosa centifolia

Zentifolie

Die dicht gefüllten, stark duftenden Zentifolien (die »Hundertblättrigen«) sind die Bauerngartenrosen schlechthin. Auch von ihnen gibt es zahlreiche Spielarten. Ihre Blüten können weiß, rosa oder dunkelrot sein. Man findet sie bereits um 1580 auf Gemälden von holländischen Meistern abgebildet. *Rosa centifolia* wird bis 2 m hoch. Eine kleinere Spielart ist *Rosa centifolia* 'Muscosa', die Moosrose. Blütenstiel und Kelch sind bei ihr »bemoost«, dicht mit feinen Stacheln bewehrt. Wenn man nicht genau hinschaut, könnte man meinen, die Pflanzen seien von Blattläusen befallen. Die Moosrosen werden bis 1,5 m hoch. Sie blühen rosa, die Spielart 'Rubra' aber dunkelrot. Kleine purpurrote bis violette ranunkelartige Blüten besitzt *Rosa centifolia* 'Parvifolia', die Burgunderrose. Sie wird nur 50 bis 80 cm hoch.

Blütezeit: Einmalblühend im Juli.

Standort: Sonniger Platz, ziemlich anspruchslos in bezug auf den Boden.

Pflege: Im Frühjahr Fruchtansätze des Vorjahres und abgestorbenes, altes Holz entfernen. Die Zentifolie ist frosthart.

Verwendung: Schön im Zentrum von Beeten; Schnittblume.

Vermehrung: Durch den Fachmann.

Krankheiten und Schädlinge: Auf Rost und Läuse achten.

Die Damascenerrose trägt kugelförmige Hagebutten.

Die Essigrose ist eine Wildrose. Sie blühte aber schon in den Gärten der Römer, wurde also bereits vor sehr langer Zeit kultiviert. Auch heute noch hat sie in vielen Bauerngärten ihren festen Platz.

Rosa damascena
Damascenerrose

Ihre Blüten sind halbgefüllt und rosa bis rot gefärbt. Sie wird bis 2 m hoch und wächst überhängend. Im Herbst trägt sie kugelige Hagebutten. *Rosa damascena* blüht einmal, aber sehr reich. Eine reizvolle Spielart ist 'Versicolor' mit weißen, blaßrosa gestreiften Blüten, sie wird 1 m hoch. Ferner gibt es die Gruppe der »herbstblühenden« Damascenerrosen *Rosa damascena bifera.* Zu ihnen gehört die Sorte 'Rose des Quatre Saisons', die dicht gefüllte, rein rosa Blüten ausbildet und bis 1,5 m hoch wird.

Blütezeit: Juni/Juli, bei *Rosa damascena bifera* noch Nachblüte im Herbst.

Standort: Sonniger Platz: gut gelockerter, humoser Boden.

Pflege: In rauhen Lagen Frostschutz empfehlenswert.

Verwendung: Schön im Zentrum von Beeten; Schnittblume.

Vermehrung: Durch den Fachmann.

Krankheiten und Schädlinge: Mehltau, Blattläuse.

Rosa gallica
Essigrose

Die Essigrose wurde schon von den Römern in Kultur genommen. *Rosa gallica* besitzt duftende, rosarote bis zu 6 cm breite einfache Blüten. Sie wird nur etwa 80 cm hoch. Die *Rosa gallica*-Hybride 'Splendens' hat leicht gefüllte, dunkelrosa bis scharlachrote Blüten, sie wird fast 2 m hoch. Beliebt ist auch die im 16. Jahrhundert entstandene Spielart *Rosa gallica* 'Versicolor' *(Rosa mundi)* mit duftenden, leicht gefüllten rosaroten Blüten mit weißen Streifen. Sie wird 1,5 m hoch.

Blütezeit: Einmalblühend im Juni.

Heimat: Mitteleuropa, Kleinasien.

Standort: Sonnige Lage, jeder Boden.

Pflege: Im Frühjahr totes Holz entfernen; sehr winterhart.

Verwendung: Schön am Zaun und am Beetrand; Schnittblume.

Vermehrung: Bewurzelte Seitentriebe abtrennen und verpflanzen.

Krankheiten und Schädlinge: Auf Mehltau und Blattläuse achten.

Die Kletterrose 'Sympathie' blüht überaus reichlich.

Die Triebe von 'New Dawn' wachsen überhängend.

Kletterrose 'Sympathie'

Ihre samtig dunkelroten, gefüllten Blüten ähneln denen von Edelrosen. Sie duften angenehm und erreichen einen Durchmesser bis zu 10 cm. Die Blüten sitzen meist in Büscheln zusammen. 'Sympathie' ist sehr reich- und öfterblühend. Die Triebe wachsen stark und kräftig. Sie erreichen eine Höhe bis zu 4 m. Das üppige Laub ist sattgrün und kaum krankheitsanfällig.

Blütezeit: Juni bis Frostbeginn.

Standort: Sonnige Lage und guter Gartenboden empfehlenswert.

Pflege: 'Sympathie' ist sehr winterhart und benötigt kaum Frostschutz.

Verwendung: Schön als Rosenbogen und zum Begrünen von Pergolen.

Vermehrung: Durch den Fachmann.

Krankheiten und Schädlinge: Befall mit Sternrußtau möglich. Auf Blattläuse achten.

Kletterrose 'New Dawn'

'New Dawn' wurde erst 1930 in einer englischen Baumschule gezüchtet, sie ist eine Spielart der älteren Sorte 'Dr. W. van Fleet'. Ihre gefüllten, zart nach Apfelblüten duftenden Blüten sind rosarot gefärbt, im Verblühen meist weiß. Sie haben einen Durchmesser von 6 bis 10 cm und stehen in Büscheln von bis zu 7 Blüten. 'New Dawn' wird bis zu 4 m hoch, die Triebe wachsen überhängend. Man kann sie als Kletterrose aber auch freiwachsend verwenden. Sie gehört zu den wenigen Rosen, die auch noch in Hochlagen gedeihen.

Blütezeit: Dauerblüher von Juni an bis zum ersten Frost.

Standort: Sonnige Lage; humoser, nährstoffreicher Boden.

Pflege: Wächst auch ohne Kletterhilfe, dann aber breiter und überhängend. Dankbar für die Gabe von organischem Volldünger im Frühjahr. Kaum Frostschutz nötig.

Krankheiten und Schädlinge: Auf Sternrußtau und Blattläuse achten.

Der Buchs ist die klassische Einfassungspflanze.

Hortensien sehen an Zäunen besonders hübsch aus.

Buxus sempervirens 'Suffruticosa'

Einfassungsbuchs

○ ◑

Der immergrüne, kleine, dichtbuschige Strauch wächst sehr langsam. Seine Heimat ist in Südeuropa. Sofern man ihn nicht regelmäßig zurückschneidet, wird er höchstens 80 cm hoch. Nach 10 bis 15 Jahren setzt er erste Blüten an. Die Blüten erscheinen in kleinen Büscheln, sind unscheinbar gelbgrün, duften aber aromatisch und werden von Bienen sehr geschätzt.

Blütezeit: April bis Mai.
Standort: Sonne bis Schatten; kalkhaltige bis schwach saure Böden. Ideal ist sandig-humoser Lehm.
Pflege: Der Buchs ist bis in Höhen von 800 m frosthart. Schnitt im Juni oder Juli.
Verwendung: Einfassungspflanze.
Vermehrung: Stecklinge im Frühsommer und Herbst (→ Praxis-Seite 28).

Hydrangea macrophylla

Freiland-Hortensie

○ ● ✂

Der Strauch mit den großen, eiförmigen Blättern wächst dichtbuschig und kugelig. Die Urform ist weiß, es gibt aber mehrere Gartensorten: Empfehlenswert sind 'Bouquet Rose' mit rosa und 'Preciosa' mit tiefrosa-purpurroten Blüten. Die ballförmigen Doldenrispen erscheinen nach 5 bis 8 Jahren. Die Sträucher werden je nach Standort 1 bis 2 m hoch.
Blütezeit: Juni bis Juli.
Standort: Windgeschützte Lage; nährstoffreicher, humoser, kalkfreier Gartenboden.
Pflege: Sie sind dankbar für eine Gabe von organischem Volldünger im Frühjahr. Die Freiland-Hortensie ist winterhart bis in Höhen von 600 m. Unter ungünstigen Bedingungen kommen Frostschäden an den Trieben vor. Die Pflanze treibt aber gerne wieder aus.
Verwendung: Besonders schön am Zaun und in Ecken; Schnittblume.
Vermehrung: Bewurzelte Seitentriebe abtrennen und verpflanzen.

Lonicera caprifolium
Geißblatt, Jelänger-jelieber

Die Triebe dieses sommergrünen Schlingers winden sich immer rechts herum an der Kletterhilfe hoch und werden bis zu 6 m lang. Die röhrenförmigen Blüten sind gelblichweiß und besitzen rosarote Blumenkronen. Sie duften vor allem abends sehr intensiv und locken viele Nachtfalter an. Dieses alte Gartengewächs wäre in den letzten Jahren beinahe durch großblütige Hybriden verdrängt worden, man bringt ihm aber jetzt wieder größeres Interesse entgegen.
Blütezeit: Mai bis Anfang Juli.
Standort: Halbschatten, wächst aber auch noch in voller Sonne. Warme, geschützte Lagen; kalkhaltige, nicht zu trockene Böden.
Pflege: Die Pflanze braucht ein Rankgerüst oder einen Balken, an dem sie festgebunden wird, zum Klettern. Sonst keinerlei Pflege. Wegen des intensiven Duftes nicht direkt unter das Schlafzimmerfenster pflanzen!
Verwendung: Für Eingangsbögen, zum Begrünen von Lauben.
Vermehrung: Durch den Fachmann.
Achtung: Die roten Beeren sind giftig!

Der intensive Duft des Geißblatts macht Sommernächte zu einem Erlebnis.

Die Früchte der Mispel sind eßbar.

Der Knöterich gibt Pergolen ein grünes Kleid.

Mespilus germanica
Mispel

○ ◑

Die Mispel bildet einen breit ausladenden Strauch von 2 bis 5 m Höhe. Vermutlich wurde sie schon um 1000 v. Chr. am Kaspischen Meer kultiviert. Die Römer brachten sie nach West- und Mitteleuropa. Noch im Mittelalter wurden die Früchte sehr geschätzt. Doch dann zog man andere Obstarten vor und sie geriet in Vergessenheit. Die großen, weißen Einzelblüten sind recht dekorativ. Die mispelbraunen Früchte, die einen Durchmesser von bis zu 6 cm erreichen, werden erst nach Frosteinwirkung genießbar.
Blütezeit: Mai und Juni.
Standort: Sonnige bis leicht schattige, warme Lagen, nährstoffreiche, etwas kalkhaltige und feuchte Böden sind ideal.
Pflege: In Gebieten mit sehr strengen Wintern nicht ausreichend winterhart. Kein Schnitt nötig.
Verwendung: Schön am Gartenrand.
Vermehrung: Durch den Fachmann.

Polygonum aubertii
Knöterich

○ ◑

Der Knöterich ist ein starkwüchsiger Schlingstrauch, der eine Kletterhilfe benötigt. Seine Triebe wachsen oft hängend bis überhängend und werden bis zu 8 m lang. Die weißen Blüten erscheinen nach 5 bis 10 Jahren. Sie stehen in aufrechten Blütentrauben und verströmen einen eigenartigen Duft.
Blütezeit: Ende August bis September.
Standort: Sonnige bis halbschattige Lagen; humose, nährstoffreiche Böden.
Pflege: Klettergerüst oder Balken zum Klettern bieten; eventuell an der Kletterhilfe anbinden; gelegentlicher Rückschnitt soll die Blühfreudigkeit fördern.
Verwendung: Begrünung von Pergolen und Laubengängen.
Vermehrung: Im Frühjahr oder Herbst bewurzelte Seitentriebe abtrennen und verpflanzen.

Beerensträucher wie die Schwarze Johannisbeere gehörten früher in jeden Bauerngarten. Man pflanzte die nützlichen Sträucher meist an den Gartenrand. Die schmackhaften Beeren wurden zu Marmelade verarbeitet.

Rote Johannisbeeren schmecken erfrischend.

Ribes nigra

Schwarze Johannisbeere

○

Die Sträucher werden bis zu 2 m hoch; die grünen Blütentrauben sind unscheinbar. Ihre herbsäuerlichen, schwarzen Früchte reifen um Johanni (21. Juni), hierbei kann es Abweichungen je nach Sorte und Witterungsverlauf geben.
Blütezeit: April.
Standort: Sonnige Lage und mittelschwere, nährstoffreiche, humose und ausreichend feuchte Böden sind ideal.
Pflege: Die Sträucher sind empfindlich gegen anhaltende Trockenheit und Staunässe. Während Trockenperioden wässern. Knospen und Blüten sind spätfrostempfindlich, in ungünstigen Jahren kann es zu Ertragsausfällen kommen. Alte, dicht über dem Boden wachsende Triebe nach der Ernte oder im Winter abschneiden.
Verwendung: Früchte eßbar.
Vermehrung: Durch den Fachmann.
Krankheiten und Schädlinge: Auf Mehltau und Blattläuse achten.

Ribes rubrum

Rote Johannisbeere

○ ◑

Die Rote Johannisbeere ist ebenfalls seit dem 15. Jahrhundert in Gartenkultur. Sie stellt nicht so große Ansprüche an den Boden und ist weniger frostempfindlich. Reifezeitpunkt der leuchtend roten, angenehm säuerlichen Beeren gleichfalls um Johanni. Die älteste noch angebaute rote Johannisbeersorte ist die 'Rote Holländische', die bereits 1665 erwähnt wird. Im Handel sind zahlreiche modernere Sorten, die u.a. weniger mehltauanfällig sind. Von *Ribes rubrum* gibt es noch weißfrüchtige Varianten, die aber seltener angebaut werden.
Blütezeit: April bis Mai.
Standort: Gedeiht auch noch in Nord- und Ostlagen auf nährstoffreichen, ausreichend feuchten Böden, die etwas lehmig sein sollten.
Pflege: → Schwarze Johannisbeere.
Verwendung: Früchte eßbar.
Vermehrung: Durch den Fachmann.
Krankheiten und Schädlinge: → Schwarze Johannisbeere.

Reife Stachelbeeren schmecken herrlich süß.

Holunderbeeren kann man vielseitig zubereiten.

Ribes uva-crispa
Stachelbeere

◑

Der recht stachelige, buschige Strauch wird bis zu 1,5 m hoch. Die Blüten sind unscheinbar und grünlich-gelb, sie werden besonders von Hummeln umschwärmt. Es gibt zahlreiche Sorten, die Früchte können grün, gelb oder rot gefärbt sein, kugelförmig oder oval. Die süßen Beeren werden Mitte Juni vollreif.
Blütezeit: März und April.
Standort: Nicht zu sehr besonnte Lagen, denn die reifen Früchte bekommen durch starke Sonneneinstrahlung Flecke. Mittelschwere, nährstoffreiche Böden mit ausreichender Feuchtigkeit ideal.
Pflege: Die Stachelbeere reagiert auf Trockenheit mit Wachstumsstörungen, daher ausreichend wässern. Wegen der frühen Blüte spätfrostgefährdet, deshalb nicht in ausgesprochenen Frostlagen anbauen.
Verwendung: Früchte eßbar.
Vermehrung: Durch den Fachmann.
Krankheiten und Schädlinge: → Schwarze Johannisbeere, Seite 99.

Sambucus nigra
Schwarzer Holunder

○ ● ☠

Häufig findet man den Holunder am Zaun des Bauerngartens oder zumindest an der Wand des Stadels. Der Strauch wird bis zu 7 m hoch und wurde früher auch wegen seiner Heilwirkungen, zum Beispiel gegen Erkältungen, geschätzt. Mit den Blüten wird oft auch »Holundersekt« angesetzt. Die schwarzen Beeren reifen im August, sie sind gekocht eßbar und können zu Saft oder Kompott verarbeitet werden.
Blütezeit: Juni.
Standort: Sehr anspruchslos, gedeiht in der Sonne und im Schatten bis in 1600 m Höhe. Ideal sind nährstoffreiche, kalkhaltige Böden.
Pflege: Keine besonderen Pflegemaßnahmen nötig.
Mein Tip: Seine großen, gelblich-weißen Trugdolden schmecken köstlich, wenn man sie in Pfannkuchenteig taucht, in Schmalz herausbäckt und dann mit Puderzucker bestreut verspeist.
Achtung: Blätter und Rinde sind leicht giftig!

Flieder gehört zu den schönsten Ziersträuchern. Seine duftenden Blütenrispen sollten nach dem Verblühen entfernt werden. Das fördert die Blühfreudigkeit.

Auffallend sind die Blütendolden des Schneeballs.

Syringa vulgaris
Flieder

Der Strauch wird bis zu 6 m hoch und bildet gerne breite Gestrüppe. Er kommt bis in 1000 m Höhe vor. Die lilafarbenen, duftenden Blütenrispen werden bis zu 20 cm lang, sie erscheinen nach etwa 7 Jahren. Es gibt zahlreiche veredelte Sorten mit größeren und zum Teil gefüllten Blüten in den Farben weiß, gelb, lila, blau, violett und purpur. Sie duften nicht so intensiv und sind auch etwas anspruchsvoller.

Blütezeit: Mai bis Juni.
Standort: Die Ausgangsform ist anspruchslos, sie liebt kalkhaltige Böden, die auch schwer sein dürfen. Die Edelflieder bevorzugen nährstoffreiche, mittelschwere Böden.
Pflege: Bei Edelflieder Verblühtes abschneiden. Flieder ist schnittverträglich, er kann auch als Hecke gezogen werden.
Verwendung: Schön an Zäunen und am Gartenrand; Schnittblume.
Vermehrung: Durch den Fachmann.

Viburnum opulus
Schneeball

Der breit ausladende Strauch wird bis zu 4 m hoch. Bereits 1639 war er in Gärten zu finden. Er ist sommergrün und bildet eine schöne orange Herbstfärbung aus. Seine cremeweißen Trugdolden erscheinen nach etwa 5 Jahren und erreichen bis zu 10 cm Durchmesser. Ab September reifen die eirunden, roten Beeren, die für den Menschen nicht giftig, aber ungenießbar sind. Sie dienen den Vögeln als Nahrung.

Blütezeit: Mai bis Juni.
Standort: Gedeiht in Sonne und Schatten, in feuchten, nährstoffreichen, leicht kalkhaltigen Böden.
Pflege: Er ist schnittverträglich und für Hecken geeignet; anspruchslos.
Verwendung: Schön am Zaun, kombiniert mit anderen Sträuchern.
Vermehrung: Durch den Fachmann.
Schädlinge: Der Schneeball ist blattlausanfällig.

Attraktiv und schmackhaft

Küchen-Kräuter

Viele blühenden Kräuter können es durchaus mit der Schönheit von Blumen aufnehmen wie beispielsweise der Borretsch mit seinen sternfömigen leuchtend blauen Blüten oder der Schnittlauch mit seinen kugelförmigen Blütenköpfen. Auch im separaten Kräuterbeet ergeben Kräuter einen attraktiven Blickfang im Garten.

Die meisten Kräuter mögen einen warmen, sonnigen Platz und einen lockeren Boden. Bei der Anlage eines Kräuterbeets sollten Sie darauf achten, daß Sie die Kräuter nicht zu eng pflanzen, denn sie entwickeln sich oft üppiger als Sie vielleicht denken und die Kräuter sollten sich nicht gegenseitig Licht und Sonne wegnehmen. Am besten erreichen Sie das, wenn Sie hohe Pflanzen auf der Nordseite des Beets anpflanzen und niedrige Kräuter »im Süden«. Großer Pflege bedürfen die Kräuter nicht. Um die Pflanzen zu kräftigen, erhalten sie nach ihrem Austrieb eine Düngung mit Brennesselbrühe (→ Seite 32), die an die Wurzeln gegossen wird. Während längerer Trockenperioden müssen die Kräuter gegossen werden.

Schnittlauch muß gut feucht gehalten werden.

Allium schoenoprasum
Schnittlauch

○ ◑

Der Schnittlauch gehört zu den ausdauernden Gewächsen im Garten. Es gibt zahlreiche auch großröhrige Kulturformen. 'Sperlings Grolau' gedeiht auch noch im Winter im Topf auf der Fensterbank. Die Triebe des Schnittlauchs werden 30–50 cm hoch.
Blütezeit: Juni bis August.
Heimat: Mittelmeerraum.
Standort: Sonne bis Halbschatten; feuchte, nährstoffreiche Böden.
Pflege: Aussaat im März in kleine Töpfe bei Zimmertemperatur (der Samen ist nur 1 Jahr keimfähig). Ende April austopfen und ins Freiland pflanzen. Schnittlauch kann das ganze Jahr hindurch geerntet werden. Möglichst tief abschneiden, damit die Pflanze wieder gut treibt. Schnittlauch soll nicht austrocknen.
Verwendung: Schön für Wegeinfassungen.
Vermehrung: Aussaat im März, Teilung im Frühjahr.
Mein Tip: Unentbehrlich für Kräuterquark, Salate und Suppen.

Der Borretsch wächst einjährig. Seine frischen Blätter schmecken fein gehackt gurkenähnlich. Im Volksmund heißt der Borretsch deshalb auch »Gurkenkraut«.

Die frischen Blättchen des Ysop schmecken herb.

Borago officinalis

Borretsch

○ ◑

Der Borretsch gehört zu den einjährigen Gewächsen. Die kräftige Pflanze verzweigt sich gerne und besitzt länglich-eiförmige, behaarte Blätter. Die sternförmigen Blüten sind leuchtend blau und können mit vielen Zierpflanzen konkurrieren. Borretsch wird bis zu 50 cm hoch.
Blütezeit: Juli bis August.
Heimat: Südspanien.
Standort: Sonnige Lagen, auch Halbschatten; nährstoffreicher Boden.
Pflege: Aussaat März/April an Ort und Stelle etwa 2 cm tief in die Erde. Borretsch sät sich gerne selbst aus. Während längerer Trockenperioden gelegentlich gießen.
Verwendung: Schön im Kräuter- und auch im Blumenbeet.
Vermehrung: Aussaat im zeitigen Frühjahr.
Mein Tip: Gut geeignet für Salatsaucen, Kräuteressig und schmeckt feingeschnitten auf einem Butterbrot.

Hysopus officinalis

Ysop

○

Der Ysop gehört zu den ausdauernden Gewächsen und zählt zu den Halbsträuchern. Er wächst stark verästelt und wird fast 1 m hoch. Die spitzen schmalen Blätter duften würzig. Die kräftig blauen Blüten stehen in ährenartigen Ständen. Es gibt auch weiß- und rosablühende Formen.
Blütezeit: Juni bis September.
Heimat: Kleinasien; im frühen Mittelalter durch Benediktinermönche in Europa eingeführt.
Standort: Sonnige, warme Plätze; kalkhaltige durchlässige Böden.
Pflege: Aussaat ab April im Freien an Ort und Stelle oder Jungpflanzen kaufen und im April pflanzen. Ysop verträgt keine Staunässe. Während Trockenperioden gelegentlich gießen.
Verwendung: Schön im Blumenbeet. In warmen Lagen wurde Ysop sogar als Einfassungspflanze verwendet und in Form geschnitten.
Mein Tip: Ysop paßt gut zu Salaten, Bohnen, Kartoffelsuppen.

Majoran zählt zu den Halbsträuchern. Der Wilde Majoran mit seinen rosaroten Blütenbüscheln ist im Gegensatz zum weißblühenden Majoran winterhart. Die kleinen eiförmigen Blättchen duften aromatisch und sind behaart.

Basilikum wirkt appetitanregend und verdauungsfördernd.

Majorana hortensis
Majoran

○ 

Der Majoran ist bei uns meist nicht winterhart und wird deshalb einjährig gezogen. Die winzigen weißen Blüten stehen in Köpfchen zusammen. Auffallende rosarote Blütenbüschel bildet dagegen der winterharte Wilde Majoran (*Origano vulgare*). Beide Arten werden bis zu 50 cm hoch.
Blütezeit: Juli bis September.
Heimat: Mittelmeerraum.
Standort: Sonnige, windgeschützte Lagen; leichte, durchlässige Böden.
Pflege: Aussaat nicht vor Mitte Mai an Ort und Stelle. Man kann auch im frühen Herbst Stecklinge bewurzeln lassen und im Topf auf dem Fensterbrett überwintern. Nach den Eisheiligen auspflanzen. Regelmäßig Unkraut jäten.
Verwendung: Im Kräuterbeet.
Vermehrung: Aussaat im Mai; Stecklinge ab September.
Mein Tip: Gewürz für Wurst, Leberknödel, Gänsebraten und unentbehrlich für Pizza.

Ocimum basilikum
Basilikum

○

Basilikum gehört zu den einjährigen Gewächsen. Die weißen Blüten stehen in Quirlen zusammen. Es gibt auch eine großblättrige, robustere, aber weniger würzige Gartenform sowie rotblättrige Varianten. Die Pflanzen werden 30–60 cm hoch.
Blütezeit: Juli bis September.
Heimat: Vorderindien oder Nordafrika.
Standort: Warme, sonnige Lage; leichter, nährstoffreicher Boden.
Pflege: Anfang April Aussaat in Töpfen oder nach den Eisheiligen ins Freiland. Während Regen- und Kälteperioden werden die Pflanzen oft gelb und kümmern, können aber bei wärmerer Witterung diesen Wachstumsrückstand wieder aufholen. An heißen Tagen reichlich gießen.
Verwendung: Im Kräuterbeet und als Einfassungspflanze.
Vermehrung: Aussaat im April.
Mein Tip: Basilikum schmeckt gut zu Tomatengerichten, Salaten und eignet sich für Kräuteressige.

Schon im 9. Jahrhundert wurde der Rosmarin als Heilpflanze angebaut. Man wußte damals schon, daß dieses »Kräutlein« die Herz- und Kreislauftätigkeit anregt. Auch heute ist man sich noch seiner gesundheitsfördernden Wirkung bewußt. Er wird häufig als Badezusatz verwendet.

Der Salbei treibt im Frühjahr immer wieder neu aus.

Rosmarinus officinalis

Rosmarin

○ ⚘

Der Rosmarin ist ein immergrüner kleiner Strauch, bei uns aber meist nicht winterhart. Die schmalen, aromatisch duftenden Blätter erinnern an Tannennadeln. Die kleinen blaßblauen Blüten sitzen in Büscheln zusammen.
In günstigen Lagen kann der Strauch 1 m hoch werden.
Blütezeit: Mai bis Juli.
Heimat: Mittelmeergebiet.
Standort: Warme, sonnige, frostfreie Lagen; durchlässige, nährstoffreiche Böden.
Pflege: Rosmarin am besten in einem Topf ziehen, der im Sommer draußen steht und vor den ersten Frösten wieder einen Fensterplatz im Zimmer bekommt. Von Zeit zu Zeit umtopfen und im Sommer etwas düngen (→ Seite 22).
Verwendung: In Töpfen auf Terrasse oder Balkon.
Vermehrung: Aussaat im Frühjahr in Töpfe; Stecklinge im Juni oder Juli abschneiden.
Mein Tip: Paßt gut zu Wild, Huhn, Schweinefleisch und Gemüse.

Salvia officinalis

Salbei

○ ⚘

Salbei ist ein ausdauernder immergrüner Halbstrauch. In rauhen Gegenden kann er zwar oft bis auf den Wurzelstock zurückfrieren, treibt aber im Frühjahr wieder neu aus. Die hell- bis violettblauen Lippenblüten erscheinen in den Blattachseln. Salbei kann bis 70 cm hoch werden.
Blütezeit: Juni bis August.
Heimat: Mittelmeergebiet.
Standort: Sonnige, warme Lagen; durchlässige, nährstoffreiche Böden.
Pflege: Aussaat im März/April in Töpfe oder Schalen. Im Mai oder im Herbst auspflanzen. Erfrorene Zweige im Frühjahr abschneiden.
Verwendung: Im Kräuter- und Blumenbeet.
Vermehrung: Aussaat im März/April; Teilung älterer Pflanzen im April; Stecklinge im Juni schneiden.
Mein Tip: Getrocknete Blätter zu Lamm, Wild, Kaninchen und Geflügel; frische Blättchen für Salate und Kräuterbutter.

REGISTER

Die **halbfett** gesetzten Seitenzahlen verweisen auf Farbfotos und Farbzeichnungen.
U=Umschlagseite.

Adressen, Bezugsquellen

Samen und Pflanzen, auch seltene Kulturpflanzen:
Blauetikett Bornträger,
67591 Offstein

Rosen
Ingwer J. Jensen,
Am Schloßpark 2b,
24960 Glücksburg

Bodenuntersuchung
Auskunft erteilt:
Verband deutscher landwirtschaftlicher Untersuchs- und Forschungsanstalten,
Bismarckstr. 41 a,
64293 Darmstadt

Freilichtmuseen mit besonders vielen Bauerngärten
Freilichtmuseum am Kiekeberg,
21224 Rosengarten
Niedersächsisches Freilichtmuseum,
49661 Cloppenburg
Westfälisches Freilichtmuseum,
32760 Detmold
Rheinisches Freilichtmuseum
Kommern, 53894 Mechernich
Hohenloher Freilandmuseum
Wackershofen,
74523 Schwäbisch Hall
Bauerngärten der Schwäbischen
Alb in Ödenwaldstetten,
72531 Hohenstein
Freilichtmuseum des Bezirks
Oberbayern an der Glentleiten,
82439 Großweil
Ostbayerisches Bauernhaus-museum,
83123 Amerang
Fränkisches Freilandmuseum,
91438 Bad Windsheim

Weiterführende Literatur

Falls einige der angegebenen Bücher im Buchhandel vergriffen sind, werden Sie diese sicher in Bibliotheken finden

Brockpähler, Renate: *Bauerngärten in Westfalen*. F. Coppenrath Verlag, Münster 1985.

Dittrich, Werner: *Bäuerliche Gärten*. Eugen Ulmer Verlag, Stuttgart 1984.

Fischer-Benson, Rudolf von: *Altdeutsche Gartenflora*. Verlag von Lipsium & Tischner, Kiel und Leipzig 1894. Sändig Reprint, Vaduz.

Frisch, Otto von: *Gartenvögel – liebenswerte Gäste in Sommer und Winter*. GU Tier-Ratgeber, Gräfe und Unzer Verlag, München 1992.

Griesmair Brigitte/Kompatscher Anneliese: *Vielgeliebter Bauerngarten*. Athesia Verlag, Bozen 1987.

Gröll, Walter: *Bauerngärten der Lüneburger Heide*. Freilichtmuseum am Kiekeberg 1988.

Hertle, Bernd/Kiermeier, Peter/Nickig, Marion: *Großer GU Pflanzen-Ratgeber Gartenblumen*. Gräfe und Unzer Verlag, München 1993.

Marzell, Heinrich: *Bayerische Volksbotanik*. Neudruck im Verlag Werner Fritsch, München 1968.

Nickig, Marion/Wagner, Fridolin: *Bauerngärten*.Ellert & Richter Verlag, Hamburg 1989.

Nowak-Nordheim, Walter: *Freude am Bauerngarten*, Südwest Verlag, München 1982.

Stein, Siegfried: *Großmutters Blumengarten*. BLV Verlagsgesellschaft, München 1991.

Widmayer, Christiane: *Bauerngärten neu entdeckt*. BLV Verlagsgesellschaft, München 1985.

Woessner, Dietrich: *Der Bauerngarten*. Neujahrsblatt der Naturforschenden Gesellschaft, Schaffhausen 1966.

Quellenhinweis

Die Tabelle auf Seite 22 wurde folgendem Buch entnommen: Gerhard Schlammer, GU Pflanzen-Ratgeber Gesunder Boden – gesunde Pflanzen.

Die Fotografen

Amend-Will: Seite 18;
Becker: Seite 4/5, 88, 92, 93 re., 94 li., 95 re.;
Busek: Seite 66 re.;
Eigstler: Seite 105 re.;
mein schöner Garten (msG)/Fischer: Seite 101 re.;
msG/Groß: Seite 7;
msG/Jarosch: Seite 12, 98 li.;
Müller, W.H.: Seite 101 li.;
Reinhard: Seite 8, 27, 57 re., 68 re., 76 re., 93 li.,95 li.;
Sammer: Seite 38, 74 li.;
Scherz: Seite 98 re.;
Schlaback-Becker: Seite 50/51;
Silvestris: Seite 99 re.;
Silvestris/Berger: Seite 2 o.;
Silvestris/Nill: Seite 33;
Strauß: Seite 64 re., 96 re., 100 li.;
Willner: Seite 6, 30, 99 li., 100 re.;
Nickig: alle übrigen Fotos.

Wichtige Hinweise

In diesem Buch geht es um die Pflege von Blumen aus dem Bauerngarten. Einige der beschriebenen Pflanzen sind mehr oder weniger giftig. Im Steckbriefteil (Seite 50 bis 105) wird unter dem Stichwort »Achtung« auf die Giftigkeit der Pflanze hingewiesen. Tödlich giftige Pflanzen oder minder giftige, die bei geschwächten Erwachsenen oder Kindern erhebliche gesundheitliche Störungen hervorrufen können, sind mit einem Totenkopf gekennzeichnet. Achten Sie unbedingt darauf, daß Kinder und Haustiere die mit dem Stichwort »Achtung« und mit dem Totenkopf gekennzeichneten Pflanzen nicht essen. Blühende Pflanzen können bei Allergikern Pollenallergien (»Heuschnupfen«) auslösen. Kommt es beim Umgang mit Erde zu offenen Verletzungen, suchen Sie umgehend einen Arzt auf und lassen Sie sich fachkundig behandeln. Besprechen Sie mit ihm, ob er eine Impfung gegen Tetanus (Wundstarrkrampf) für erforderlich hält. Auch biologische Pflanzenschutzmittel sowie Jauchen und Brühen (→ Seite 32) müssen so aufbewahrt werden, daß sie für Kinder und Haustiere unerreichbar sind. Ihr Verzehr kann zu gesundheitlichen Schäden führen.

Umschlagvorderseite: Bauerngarten im Alpenvorland.
Vorsatz: Die herrlichen Blüten der Feuerlilie (*Lilium bulbiferum*).
Nachsatz: Tränendes Herz (*Dicentra spectabilis*) und Kaiserkronen (*Fritillaria imperialis*).
Umschlagrückseite: Blüte der Pfingstrose (*Paeonia officinalis*).

Redaktionsleitung: Hans Scherz
Stellvertretende Redaktionsleitung: Renate Weinberger
Redaktion: Gabriele Linke-Grün
Herstellung: Verena Römer
Zeichnungen: Marlene Gemke
Tabelle Seite 22:
Gerhard Schlammer
Fotos: Marion Nickig und andere bekannte Fotografen
Umschlaggestaltung:
Heinz Kraxenberger
Satz: Typodata
Repro: Dörfel

ISBN 3-7742-4102-3

Auflage	4	3	2	1
Jahr	01	00	99	98